2013년 7월 4일 초판 1쇄 인쇄
2013년 7월 11일 초판 1쇄 발행

글 김은희 / 그림 루루지
펴낸이 이철규 / 펴낸곳 북스
편집 이은주 / 편집디자인 이종한

편집부 02-336-7634 / 영업부 02-336-7613 / FAX 02-336-7614
전자우편 vooxs2004@naver.com / 등록번호 제 313-2004-00245호 / 등록일자 2004년 10월 18일

주소 서울특별시 광진구 자양 4동 52-197번지 2층
값 9,800원
ISBN 978-89-6519-058-5 74800
     978-89-6519-057-8 (세트)

잘못된 서적은 구입하신 서점에서 교환하여 드립니다.
이 책은 저작권법에 의해 보호를 받는 저작물이므로 불법 복제와
스캔 등 무단 전재 및 유포·공유를 금합니다.

이 도서의 국립중앙도서관 출판시도서목록(CIP)은 서지정보유통지원시스템 홈페이지(http://seoji.nl.go.kr)와
국가자료공동목록시스템(http://www.nl.go.kr/kolisnet)에서 이용하실 수 있습니다.
(CIP제어번호 : CIP2013010381)

신화 속 사랑이야기

에로스와 프시케

글 김은희 그림 루루지

vooks북스

신화 속에 숨어 있는 사랑 이야기를 찾아볼까요?

안녕하세요.

수많은 여왕들의 인생과 사랑을 뒤로하고 이번에 제가 새로이 빠져든 이야기는 바로 신화 속 사랑이랍니다.

신화는 교과서나 예술 작품, 만화, 영화 등으로 아주 오랜 시간 우리의 곁을 지키는 친숙한 이야기입니다. 신화 속에 등장하는 영웅들의 모험담은 나이를 불문하고 우리의 가슴을 뛰게 만들어 주지요.
하지만 이런 모험보다 더욱 신화를 친밀하게 느끼게 해 주는 것은 사랑입니다. 신들 간에, 혹은 신과 인간 사이에 펼쳐지는, 누구라도 한 번쯤은 꿈꾸어 볼 만한 사랑 이야기는 언제나 사람들의 감성을 자극하지요.

신화 속에는 수많은 사랑 이야기가 숨어 있습니다. 아무리 장대하고 위험천만한 모험이 펼쳐지더라도 그 중심에는 언제나 사랑이 있습니다. 이 책을 통해 저는 신화 속에 감추어진, 혹은 잘 알려지지 않은 사랑 이야기를 찾아 여러분에게 소개해 드리려 합니다.

이 이야기의 주인공은 홍레나라는 소녀입니다.
서울에서 잘나가는 아이였던 레나는 하루아침에 부모님과 떨어져 도망치듯 낯선 시골 마을로 오게 됩니다. 이곳에서 레나를 기다리고 있는 것은 전교생이 딱 한 반뿐인 폐교 직전의 낡은 학교와 매사 열정이 넘치는 재우 선생님, 그리고 잘생겼지만 삐딱한 짝 우혁입니다.
레나는 우연히 찾은 그리스 신화 책을 통해 신기하고 두근거리는 경험을 하게 됩니다. 레나를 따라가다 보면 여러분도 저와 함께 신화 속 세상을 누비며 아름다운 영웅들과 용감하고 아름다운 여인들을 만나게 될 것입니다.

자, 새로운 여행을 시작할 시간이 되었습니다. 아름답고 환상적인 신화 속으로 떠나보실까요?

머리말 _6

1장
고생길이 열리다 _11

2장
이상한 학교, 이상한 선생님, 이상한 친구들 _34

3장
여기가 신화 속? 말도 안 돼! _56

4장
더 이상 아름답지 않은 프시케 _76

5장
괴물을 찾아 떠나는 프시케 _107

6장
아프로디테의 시험 _144

7장
저승의 여왕에게로 _174

8장
다시 현실로 _212

부록 영원한 사랑의 상징, 에로스와 프시케 _218

1장
고생길이 열리다

"생일 축하합니다~ 생일 축하합니다~ 사랑하는 홍레나~ 생일 축하합니다!"

"축하해!"

"레나야, 완전 사랑해!"

강남의 한 패밀리 레스토랑 안에 생일 축하 노래가 쩌렁쩌렁 울렸다. 모두 레나의 친구들이었다. 초등학교 때부터 친했던 애들부터 새로 중학교에 들어가서 사귄 아이들, 그리고 동네 친구들까지 레스토랑의 절반은 레나의 친구들이 차지하고 있었다.

친구들의 떠들썩한 함성 소리에 레나의 얼굴에는 저절로 환한 미소가 떠올랐다.

"고마워, 얘들아."

레나가 커다란 케이크 위에 꽂힌 촛불을 후, 불어 끄자 레스토랑 안에는 다시 한 번 요란한 환호성이 울렸다. 하지만 레나도 친구들도, 다른 사람들의 시선은 걱정하지 않았다. 가게 입구에 큼직하게 레나의 생일파티라는 안내문을 미리 붙여 놓았기 때문이었다. 그리고 그 안내문을 붙인 사람은 다름 아닌 이 레스토랑의 사장인 레나의 아빠였다.

"많이 먹어. 오늘은 우리 아빠가 아낌없이 쏘실 거야. 그쵸, 아빠?"

레나는 그렇게 말하며 바로 옆에 서 있던 아빠에게 윙크를 했다. 아빠는 언제나처럼 넉넉한 웃음으로 고개를 끄덕였다. 옆에 앉아 있던 엄마도 시원스레 고개를 끄덕였다.

"메뉴판에 있는 건 뭐든 시켜도 돼."

"아저씨! 아줌마! 완전 멋져요!"

"레나는 진짜 좋겠다."

"꺄! 공주님이 따로 없구나."

레나의 친구들은 발까지 동동 구르며 조금 전과는 비교도 되지 않을 정도로 커다란 비명을 질렀다. 부러움 가득한 친구들의 눈길과 엄마, 아빠의 애정이 가득한 미소를 받으며 레나는 하늘을 날아갈 듯 행복했다.

"엄마, 아빠. 정말 고마워요."

레나의 생일 파티는 밤이 다 되어서야 끝이 났다. 가게 밖으로 나오자 어느새 거리에는 가로등이 환하게 밝혀져 있었다. 여름밤의 거리는 여전히 후끈한 열기를 간직하고 있었다.

"하아~ 오늘은 완전 퍼펙트한 날이었어."

친구들과 헤어지고 하늘을 날 것 같은 기분으로 집에 돌아온 레나는 침대에 벌렁 드러누우며 중얼거렸다. 아침에 눈을 뜬 순간부터 잠자리에 드는 이 순간까지 오늘은 말 그대로 완벽한 날이었다. 조금 전 친구들의 부러움 가득한 시선에 둘러싸였던 순간을 떠올린 레나는 공중을 붕 나는 기분이었다.

"후후! 보나마나 월요일에 학교에 가면 애들이 한바탕 난리를 치겠지? 안 그래도 인기절정인데 여기서 더 인기가 많아지면 엄청 피곤해지겠네."

말과는 달리 레나의 얼굴에는 웃음꽃이 피어 있었다. 벽에 걸린 시계는 벌써 10시를 가리키고 있었다. 이불을 뒤집어 써 봤지만 잠은 좀처럼 오지 않았다. 레나는 늦게까지 행복감을 만끽했다.

언제까지나, 아니 적어도 중학교 3년 간은 이어질 줄 알았던 레나의 행복은 단 하루 만에 산산조각이 났다. 이른 아침 눈을 비비던 레나는 엄마의 말에 찬물을 뒤집어 쓴 듯 놀라 소리쳤다.

"망하다니? 뭐가요?"

"우리 가게 망했어. 그것도 완전 쫄딱. 벌써 사흘 전에 다른 사람에게 넘어갔단다. 이 집도 마찬가지고."

집과 함께 기구까지 죄다 팔았다며 당장 입을 옷만 겨우 가져갈 수 있다는 엄마의 말은 잘 들리지도 않았다. 레나는 입을 쩍 벌렸다가 고개를 휘휘 흔들었다.

"농담이죠? 어제까지만 해도 내 생일잔치를 그렇게 요란하게 해 줬잖아요."

"그거야 새로 가게를 인수할 사람이 오늘부터 인테리어 공사를 한다고 해서 어제 애들을 초대한 거지. 남은 재료들도 모두 사용할 겸. 버리면 아깝잖니."

레나의 질문에 대답한 사람은 아빠였다. 아빠는 안방에서 커다란 가방 두 개를 끌고 나오고 있었다. 지금 당장 입을 옷부터 겨울 외투까지 꽉꽉 눌러 담은 가방은 금방이라도 터질 듯 불룩했다.

"그럼 어제라도 얘기를 하셨어야죠. 친구들한테 인사도 못 하고 이게 뭐야?"

툴툴거리던 레나는 문득 입술을 지그시 깨물었다. 유치원에 다닐 때부터 자신은 동네 아이들 중에서도 제일 잘나가는 아이였다. 계절이 바뀔 때마다 레나가 사 입는 옷이며 신발은 금세 모든 친구들이 갖고 싶어 하는 아이템이 되고는 했다. 친구들은 항상 부러움 가득한 눈으로 레나를 바라보았다. 그런 시선을 받을 때면 레나는 자신이 정말 공주라도 된 듯 행복해 했고, 그 사실은 누구보다 부모님이 가장 잘 알고 있었다.

'하지만 집이 망했다는 사실이 알려진다면…….'

자신을 향한 동정 어린 시선을 상상하기만 해도 머리가 지끈거렸다. 레나는 작게 한숨을 쉬며 말했다.

"아니, 잘 하셨어요. 친구들한테는 나중에 제가 연락할게요. 그런데 우리 이제 어디로 가요?"

엄마는 레나의 시선을 슬쩍 피하며 대답했다.

"엄마랑 아빠는 삼촌에게 갈까 한단다. 삼촌 일하는 데 마침 일손이 부족하다지 뭐니."

"삼촌? 삼촌은 섬에 계시잖아요? 거긴 학교가 없을 텐데."

"그래서 말인데, 잠깐 동안 너 혼자 지내는 건 어떠니?"

레나는 엄마의 말에 눈을 동그랗게 떴다.

"예에에?! 말도 안 돼! 중학생이 어떻게 혼자 살아요? 싫어요. 못 해요."

"그러지 말고 이것부터 한번 봐라."

엄마는 놀라는 레나에게 서류 봉투 하나를 내밀었다. 봉투 안에는 전학 서류와 허름한 학교 사진 몇 장, 그리고 구불구불한 선이 그려진 약도 한 장이 들어 있었다.

"신화중학교? 이게 뭐에요?"

"뭐긴. 네가 앞으로 다닐 학교지."

"예? 뭐야, 그럼 벌써 다 정해진 거예요?"

"너무 걱정 마라. 엄마랑 아빠도 고민 많이 했는데 글쎄 운 좋게도 기숙사가 있는 중학교가 있지 뭐니. 식사도 다 제공되고 안전노 확실

하대. 방도 너 혼자 지낼 수 있도록 해 주고 전망도 끝내준대. 전국의 중학교를 다 뒤져서 간신히 찾은 거야."

엄마의 말에 레나는 다시 한 번 사진을 뚫어지게 들여다보았다. 하지만 아무리 보고 또 봐도 사진 속에 있는 학교는 기숙사는커녕 문 닫기 직전의 폐교처럼 보였다.

"아무리 봐도 엄마 말대로 그렇게 끝내주는 기숙사가 있을 학교로 안 보이는데요?"

"엄마가 직접 선생님하고 통화를 했어. 설마 선생님이 이런 문제에 거짓말을 하셨겠니? 엄마랑 아빠랑 다 알아보고 결정한 거니까 일단 가 보기나 해."

엄마의 말에 레나는 할 수 없이 옷장에서 커다란 배낭을 꺼냈다. 그리고 가장 아끼는 옷들을 차곡차곡 챙겨 넣기 시작했다. 하지만 짐을 싸면서도 레나의 시선은 엄마가 건넨 사진에서 떨어질 줄을 몰랐다. 누렇게 빛바랜 건물과 잡초가 우거진 운동장을 보며 레나는 고개를 갸웃거렸다.

'대체 기숙사가 어디 있다는 거야?'

부모님은 해도 뜨기 전에 남쪽으로 내려가는 기차를 탔다. 엄마와 아빠를 배웅하며 레나는 고작 몇 달, 길어야 일 년이라고 속으로 중얼거리며 몇 번이나 쏟아지려는 눈물을 참았다. 부모님 역시 몇 번이나 기차역에 홀로 남은 레나를 돌아보았다. 부모님의 눈가도 어느새 촉촉이 젖어 있었다. 작별 인사라도 하면 당장이라도 펑펑 울어버릴 것 같아 레나는 애써 태연한 미소를 지을 수밖에 없었다. 기차가 출발하고 보이지 않을 정도로 멀어지고 난 뒤에야 레나는 비로소 자신이 혼자 남았다는 사실을 실감했다. 그리고 그제야 두 눈에 눈물이 고였다. 하지만 레나는 울음을 터뜨리는 대신 손등으로 눈을 비벼 눈물을 참고 기차표를 꺼내기 위해 주머니에 손을 찔러 넣었다.

"어?"

주머니 안에는 기차표와 또 다른 종이 쪽지 한 장이 들어있었다. 쪽지를 펼치자 눈에 익은 엄마의 필체가 레나의 눈에 들어왔다.

"엄마, 그 짧은 시간에 편지까지……."

레나의 눈에 참았던 눈물이 금세 그렁그렁 고였다. 하지만 눈물은 엄마의 쪽지를 읽어나가는 동안 거짓말처럼 쏙 들어갔다. 대신 바람 빠지는 소리가 레나의 입에서 흘러나왔다.

"헐~ 엄마, 너무하시다."

쪽지에는 짧은 인사와 함께 레나의 핸드폰을 가져간다는 말이 적혀 있었다. 그리고 쪽지 맨 밑에는 작은 글씨로 급한 일이 생기면 연락하라며 삼촌의 집 전화번호가 적혀 있었다. 레나는 급히 가방을 뒤져 보았다. 하지만 핸드폰은 없었다.

"말도 안 돼! 엄마!"

황당하고 어이가 없어 레나는 텅 빈 플랫폼에서 버럭 고함을 질렀다. 레나의 고함소리가 신호라도 된 듯 경쾌한 벨소리와 함께 레나가

탈 기차의 도착을 알리는 안내문구가 흘러나왔다. 그 소리가 레나의 귀에는 마치 지옥으로 가는 기차가 온다는 악마의 속삭임처럼 으스스하게 들렸다.

"진짜 끝내주는 주말이다."
 레나는 완행열차의 창밖으로 느릿느릿 지나가는 풍경을 멍하니 바라보며 중얼거렸다. 레나의 옆자리에는 지금 당장 에베레스트라도 오를 수 있을 정도로 커다란 배낭이 놓여 있었다.
 일요일 이른 아침의 기차 안에는 놀러가는 사람들이 가득했다. 삼삼오오 모여 앉은 사람들이 터뜨리는 유쾌한 웃음소리는 레나를 더욱 우울하게 만들었다. 창밖으로 지나는 푸른 하늘과 짙푸른 녹음이 눈에 들어오자 레나는 눈을 감고 잠을 청했다. 하지만 잠이 올 리가 없었다. 눈을 감자 부모님과 헤어지던 순간이 떠올랐다. 불과 한 시간 전의 일이었지만 레나는 마치 몇 달 전의 일인 듯 아련하기만 했다. 동시에 울컥 화가 치밀어 올랐다. 빼앗긴 핸드폰이 생각났기 때문이었다. 하루의 절반 이상을 핸드폰과 보내는 레나에게 그건 너무 가혹한 일이었다. 레나는 배낭 한쪽 주머니에 꽂아 두었던 봉투 하나를 꺼냈다.
"신화중학교."
 이제 정말로 갈 데라고는 낯선 이름의 학교밖에 없었다. 이렇게 된 이상 엄마가 말한 대로 근사한 학교이길 레나는 마음속으로 기도하고 또 기도했다.

기차는 서너 시간을 느릿느릿 달려 마침내 목적지인 작은 역에 도착했다. 요즘은 찾아보기도 힘든 간이역에서 내린 레나는 커다란 배낭을 끙끙거리며 어깨에 걸쳐 멨다. 그리고는 약도에 적힌 대로 버스를 갈아탔다.

낡은 버스는 요란하게 덜컹거리며 산길을 달렸다. 버스 뒤로는 붉은 흙먼지가 자욱하게 피어났다. 열린 버스의 창문을 통해서 안으로 쏟아져 들어온 흙먼지는 레나의 기분을 더욱 비참하게 만들었다. 하지만 창문을 닫을 수도 없었다. 낡을 대로 낡은 버스에는 에어컨이 없었기 때문이었다. 레나는 손수건으로 코와 입을 막은 채 텁텁한 먼지가 뒤섞인 바람을 그대로 맞았다.

버스는 구불구불한 산길을 한참이나 달린 뒤에야 레나를 내려 주었다. 그곳은 버스의 종점이기도 했다.

"콜록콜록……. 아우, 진짜 평생 먹을 먼지 오늘 하루에 다 먹네."

버스 정류장은 막다른 길이었다. 레나는 배낭을 멘 채 제자리에서 천천히 한 바퀴 돌아보았다. 그러자 웃자란 잡초 사이에 덩그러니 선 이정표가 보였다. 나무로 만든 이정표에는 신화중학교라는 글자가 흐릿하게 적혀 있었다.

"저긴 사람 다니는 길이 아닌 것 같은데?"

이정표가 가리키는 길은 잡초와 잡초 사이로 난 좁고 비탈진 오솔길이었다. 레나는 잠시 망설였지만 그곳 말고 다른 길은 보이지 않았다. 할 수 없이 레나는 불안한 얼굴로 산비탈 사이에 난 오솔길을 오르기 시작했다.

"헥헥……. 무슨 학교가 산꼭대기에 있어?"

한 시간이 넘도록 오솔길을 오른 끝에 마침내 목적지가 나타나자 레나는 턱까지 찬 숨을 토해냈다. 온몸은 땀으로 푹 젖었고, 옷이며 머리에는 온갖 잡초들과 나뭇잎들이 들러붙어 있었다. 하지만 육체적으로 힘든 것은 레나가 받은 정신적 충격에 비하면 아무것도 아니었다.

"이건 악몽이야."

힘 빠진 레나의 어깨에서 무거운 배낭이 스르르 미끄러져 떨어졌다. 말 그대로 산 넘고 물 건너 마침내 도착한 학교는 엄마의 말과는 전혀 달랐다. 심지어 사진과도 달랐다. 누렇게 색이 바라고 금이 쩍쩍 간 건물과 창문마다 걸린 낡고 색 바랜 레이스 커튼, 운동장을 온통 뒤덮은 잡초 밭을 보며 레나의 얼굴은 절망으로 물들었다. 창문에 드리워진 커튼은 마치 오래된 유령처럼 바람이 불 때마다 이리저리 흔들렸고, 잡초가 무성한 운동장 한쪽에는 토마토와 고추, 배추 등의 채소가 무성했다. 그나마 한쪽 구석에 세워진 농구대만이 이곳이 체육 수업을 하는 학교라는 것을 증명하고 있었다. 하지만 그 농구대마저 사용하지 않은 지 십 년은 된 듯 시뻘건 녹이 슬어 있었다.

레나는 몇 번이고 눈을 비벼 보았다. 하지만 분명히 눈앞에 있는 것은 학교 건물이었다. 레나는 내기지 않는 발걸음으로 학교 안으로 걸어 들어갔다.

 일요일이어서 그런지 학교 안은 조용했다. 들리는 것이라고는 오직 레나의 발소리뿐이었다. 지은 지 백 년은 되어 보이는 학교 복도에는 나무가 깔려 있었다. 레나가 발을 한 발짝 옮길 때마다 낡은 나무판자는 금방이라도 부서질 듯 요란한 소리를 냈다.

 "엄마가 분명히 누가 있을 거라고 했는데……."

 레나는 한참이나 복도를 서성였는데도 인기척이 느껴지지 않자 조심스레 한 교실의 문을 열어 보았다.

 드르륵–

 한참이나 쓰지 않았는지 문은 덜컹거리며 열렸다. 안을 들여다보는 레나의 얼굴은 심각하게 굳어졌다. 새어 들어오는 햇빛 아래 드러난 교실은 몇 년이나 방치된 듯 보였다. 짝이 맞지 않는 의자와 책상 위에는 먼지가 수북했고, 깨진 창문에는 바람을 막기 위해 판자가 얼기설기 덧대어 있었다. 밖에서 봤을 때도 그다지 예뻐 보이진 않았던 커튼은 가까이서 보니 더욱 흉물스러웠다. 교실 구석에는 거미줄까지 드리워져 있었다.

 "이게 뭐야? 암만 봐도 창고 같은데. 벌써 폐교된 거 아니야?"

 "폐교라니. 엄연히 학생도 있고 교사도 있는 학교 맞아."

 그 순간 등 뒤에서 누군가 말했다. 으스스한 교실 안에서 낯선 목소리를 들은 레나는 놀라 펄쩍 뛰어 올랐다.

 "꺄아악!"

비명을 지르며 돌아서는 레나의 눈에 교실 문 앞에 선 한 남자가 보였다. 그가 말했다.

"네가 홍레나지?"

"그, 그런데요. 누구세요?"

"난 신화중학교 교사 함재우란다. 어머니께는 미리 연락 받았어. 찾기 힘들지는 않았어? 가방 무거웠겠다. 이리 줘."

재우 선생님은 빙긋 웃으며 레나의 어깨에서 배낭을 받아 들었다. 그제야 레나는 하루 종일 자신을 짓누르던 무게에서 벗어날 수 있었다.

"고마워요. 안 그래도 너무 무거웠거든요."

레나는 가방을 건네며 재우 선생님의 얼굴을 힐끗 쳐다보았다. 그러고는 깜짝 놀랐다. 검은테 안경에 적당히 헝클어진 머리, 크림색 면바지에 파란 셔츠를 입은 그는 교사가 아니라 대학생이라고 해도 믿을 수 있을 정도로 젊고 잘생겼다. 순박하게 웃음 짓는 그와 눈이 마주치는 순간 새벽부터 겪었던 고생들은 레나의 머릿속에서 깨끗이 지워졌다.

"흠흠, 그런데 여긴 왜 이래요?"

레나는 달아오른 얼굴을 감추기 위해 먼지 쌓인 교실 안으로 고개를 휙, 돌렸다.

"여긴 안 쓰는 교실이야. 사실 이 학교는 학생 수가 그다지 많지 않아서 교실이 많이 남거든."

"학생 수가 얼마나 되는데요?"

재우 선생님은 손가락 하나를 펴 보였다. 레나는 설마 하는 표정으로 되물었다.

"설마 반이 하나?"

"응."

"그럼 1학년 한 반, 2학년 한 반······."

"그게 아니고 전교생을 다 합쳐서 한 반이라고."

잠깐 동안 레나는 재우 선생님의 말을 이해할 수가 없었다. 레나가 어리둥절한 표정을 짓자 재우 선생님이 빙긋 웃었다.

"여긴 시골이라서 다 같이 모여서 공부를 한단다. 같은 학년이라도 진도가 제각각이라 오히려 나도 그게 편하고."

"에엥? 그럼?"

"교사도 나 하나야. 아, 교장 선생님은 따로 계시고. 단출하고 가족 같아서 좋지. 너도 틀림없이 마음에 들 거야. 피곤하지? 방으로 가자. 너 쓸 방은 미리 치워 두었단다."

"네? 네에."

레나는 여전히 얼떨떨한 얼굴로 성큼성큼 앞서 걷는 재우 선생님을 따라갔다.

"선생님, 그런데 기숙사가 어디에 있어요? 오면서 보니까 학교 말고 다른 건물은 하나도 없던데. 여기서 멀어요?"

재우 선생님은 손가락으로 천장을 가리켰다.

"완전 가까워."

재우 선생님이 가리킨 곳은 학교 옥상이었다. 옥상으로 통하는 계단을 올라 벌겋게 녹이 슨 철문이 열리는 순간 레나는 자신에게 닥친 최악의 현실은 아빠의 가게가 망한 것도, 새벽부터 산 넘고 물 건너 도착한 첩첩산중에 자리 잡은 이 학교도 아니라는 사실을 깨달았다. 레나는 다리가 부러진 채 옥상 여기저기에 굴러다니는 책상들과 젖고 마르기를 반복해 기괴하게 비틀린 책무더기, 한쪽 구석에 수북이 쌓인, 어디다 쓰는 건지 짐작조차 가지 않는 고물들과 그 한가운데 덩그러니 서 있는 옥탑방을 질린 얼굴로 바라보았다.

함재우 선생님은 순박하게 웃으며 말했다.

"바로 저기가 네가 앞으로 지낼 방이란다. 어머니와 통화할 때는 기숙사라고 말은 했는데 사실 기숙사라고 부르긴 좀 좁아. 그래도 너 혼자 지낼 거니까 그다지 불편하지는 않을 거야."

옥탑방의 상태는 악몽 그 자체였다. 깨진 창문에는 초록색 테이프가 덕지덕지 붙어 있었고, 처마 밑에 아무렇게나 놓인 깨진 항아리 안에는 이름 모를 잡초들이 성하게 자라고 있었다. 그 잡초들 사이에는 난생 처음 보는 벌레들이 우글우글 기어 다녔다. 주황색과 빨간색 얼룩이 있는 벌레들을 본 레나의 팔에 오도독 소름이 돋았다.

끼이익.

금방이라도 떨어질 듯 부실한 문을 열고 안으로 들어서자 좁은 방이 나왔다. 방 안에는 나무를 잘라 만든 좁은 침대와 작은 탁자, 그리고 의자 하나가 덩그러니 놓여 있었다. 옷장도, 이불도, 그 흔한 텔레비전도 없었다. 레나는 조그맣게 중얼거렸다.

'감옥 같아.'

"어때? 이 정도면 괜찮지? 너 온다고 애들하고 내가 하루 종일 치웠단다."

뒤따라 들어온 재우 선생님은 레나와는 정반대로 흐뭇한 미소를 지었다. 레나는 치우기 전 이곳이 어땠을지는 상상도 하기 싫었다. 그리고 선택의 여지가 없었다. 레나는 억지웃음을 지으며 고개를 끄덕였다.

"뭐 그럭저럭 견딜 만은 하겠네요. 그런데 저긴 뭐예요?"

각종 쓰레기가 뒹구는 옥상에는 레나의 방과 비슷한 또 하나의 옥탑방이 있었다. 재우 선생님은 뒷머리를 긁적이며 말했다.

"아아. 저기는 우혁이 녀석 방이야. 이를테면 남자기숙사라고나 할까."

"에……. 예에?! 남자애 방이라고요?"

"사실 저건 내 사촌 조카 우혁이 방이란다. 내가 여기 발령이 나면서 전학을 왔거든. 녀석이 죽어도 나랑은 살기 싫다고 해서 말이야. 성실하고 착한 녀석이니까 너무 걱정할 필요 없어."

레나가 깜짝 놀라자 재우 선생님은 급히 손을 내저으며 변명처럼 말했다.

"아, 그리고 화장실은 아래층 공동 화장실을 쓰면 돼. 가끔 물이 안 나오긴 하는데 그럴 때를 대비해서 커다란 고무통에 늘 한가득 받아 놓는단다. 식사는 1층 급식실에서 하면 돼. 먹고 싶은 거 있으면 나한테 말하고. 내가 또 한 요리 하거든. 기대해도 좋아. 하하하!"

말을 끝낸 재우 선생님은 서둘러 아래층으로 내려갔다. 혼자 남은 레나는 지저분한 옥상과 맞은편에 덩그러니 서 있는 또 다른 옥탑방을 멍하니 바라보다가 몸을 돌려 방으로 들어왔다. 그리고 그대로 풀썩, 딱딱한 침대 위로 무너지듯 주저앉았다. 눈앞이 뿌옇게 흐려지는가 싶더니 끝내 참고 참았던 울음이 터져 나왔다.

"엄마, 미워! 이게 뭐야-!"

밤이 되자 학교는 적막에 휩싸였다. 가로등이 휘황찬란하게 불을 밝히는 도시와는 달리 산속의 밤은 순식간에 사나운 야수처럼 주변 풍경을 집어삼켰다. 가로등 하나 없는 완전한 어둠 속에서 레나는 덜컥 겁이 났다.

한여름임에도 불구하고 깊은 산골짜기에서 불어오는 바람은 차고 사나웠다. 침대에 가만히 누워 있자니 아귀가 맞지 않는 창문이 금방이라도 떨어질 듯 덜컹거렸다. 아래층의 어느 교실 창문이 열렸는지 끼익끼익, 하는 요란한 소리가 비명처럼 들려왔다.

"으으. 잠이 안 와."

재우 선생님에게서 얻은 얇은 담요를 아무리 뒤집어 써 봐도 소음은 사라지지 않았다. 아니, 오히려 숨을 죽이면 죽일수록 낯선 소리들은 더욱 더 레나의 귓가에 파고들었다. 다큐멘터리에서나 들어 봤던 낯선 풀벌레의 울음소리와 밤새의 날갯짓 역시 레나의 신경을 건드리기는 매한가지였다. 한참이나 이리저리 뒤척이던 레나는 더 이상 참지 못하고 벌떡 일어났다. 하지만 천장에 매달린 뿌연 백열전구를 켜진 못했다. 해질녘에 한 번 켰다가 손바닥만 한 나방들이며 초록색 하루살이들이 떼로 몰려들었기 때문이었다. 불을 켜는 대신 레나는 문을 열고 밖으로 나왔다.

"우와! 별이 이렇게나 많아?"

밤하늘은 장관이었다. 먹물을 풀어 놓은 듯한 검은 하늘과 그 위에 점점이 박힌 수많은 별들을 보는 순간 레나는 자기도 모르게 탄성을 터뜨렸다. 서울에서는 찾기도 힘들던 별이 지금은 두 눈에 담을 수도 없을 만큼 많았다. 보석처럼 반짝이는 별빛은 눈이 시리도록 선명했다. 달도 서울에서 보던 것과는 확연히 달랐다.

"달이 저렇게 컸나? 분화구가 다 보이네."

레나가 한창 하늘에 뜬 달에 시선을 빼앗기고 있을 때였다. 옥상 철문이 덜컹, 요란스레 열렸다. 레나는 비명을 질렀다.

"꺄아아악!"

"으아악!"

그러자 어둠 저쪽에서도 숨이 넘어갈 것 같은 비명이 터져 나왔다. 남자의 비명소리였다. 레나는 급히 바닥을 더듬어 부러진 책상 다리 하나를 주워들었다.

"너, 너 누구야?"

"그러는 너야말로 뭐야?"

"나? 난 홍레나다!"

"홍레나? 아아, 전학생? 재우 삼촌이 누가 온다고 그러긴 했는데 그게 너였냐?"

발소리와 함께 어둠 속에서 키가 훌쩍 큰 소년 한 명이 걸어 나왔다. 덥수룩한 머리에 까맣게 반짝이는 눈동자를 가진 소년이었다. 레나는 책상 다리를 앞으로 불쑥 내밀고 물었다.

"너, 너는 뭐냐니까? 왜 여기 왔어?"

소년은 대답 대신 레나의 방 반대편에 있는 옥탑방을 가리켰다. 고개를 갸웃거리던 레나가 문득 외쳤다.

"남자 기숙사? 그럼 네가 우현이야?"

"저 더러운 창고가 무슨 남자 기숙사냐? 그리고 내 이름은 우현이 아니라 우혁이야. 선우혁."

우혁은 기분 나쁘다는 듯 한쪽 눈썹을 찡긋 움직였다. 레나는 그제야 몽둥이를 내리고 그의 얼굴을 바라보았다. 이마를 완전히 덮을 정도로 긴 머리카락과 오뚝한 콧날, 밤인데도 반짝이는 검푸른 눈동자와 긴 속눈썹을 가진 우혁은 텔레비전에 나오는 배우라고 해도 믿을 정도로 잘생긴 소년이었다.

'재우 선생님도 그렇고 얘도 그렇고, 이 동네 사람들은 설마 다들 잘생겼나?'

레나가 딴생각을 하는 사이 우혁은 피곤하다는 듯 하품을 쩍 했다. 그리고는 돌아섰다.

"그럼 난 간다. 잘 자라, 호박."

"뭐? 호, 호박이라니! 내가 어딜 봐서 호박이야? 난 강남 얼짱 홍레나라구!"

레나가 발끈해서 외쳤지만 이미 우혁은 자기 방으로 들어간 뒤였다. 레나는 흥, 콧방귀를 뀌며 돌아섰다.

"칫! 얼굴만 멀쩡하지 완전 재수 없잖아?"

방으로 돌아온 뒤에도 레나의 기분은 풀리지 않았다. 할 수 없이 레나는 불을 켜고 짐 정리를 시작했다. 얼마 되지 않는 책들을 책상 위에 쌓고, 옷을 벽에 거니 시간은 벌써 12시에 가까웠다. 다행이 괴물

같은 나방은 날아들지 않았다.

"어? 저게 뭐지?"

레나가 책상과 벽 사이에 떨어져 있던 그 책을 찾은 것은 우연히 떨어진 연필 덕분이었다. 연필을 집으려 바닥에 주저앉은 레나의 눈에 신문지에 싸인 무언가가 보였다. 레나는 무거운 책상을 끙끙거리며 잡아당겨 그것을 빼냈다.

"이거 왜 안 나와…… 됐다. 근데 이거 언제 적 신문이야?"

한참 씨름하다가 마침내 빠진 신문지 뭉치는 당장 바스러져도 이상하지 않을 정도로 오래된 것이었다. 레나는 조심스럽게 신문을 풀어 보았다. 그 안에서 나온 것은 레나가 전혀 예상치 못한 물건이었다.

"책?"

그것은 무척 고풍스러운 책이었다. 요즘은 찾아보기도 힘든 두꺼운 가죽 표지 위에는 반짝이는 금박으로 아름다운 문양이 새겨져 있었다. 모서리에는 금빛이 도는 작은 구리 조각이 붙어 있고 오색의 수실을 멋지게 꼬아 만든 줄도 달려 있었다.

"무슨 책이 이렇게 멋지지?"

레나가 두꺼운 가죽 표지를 넘기자 짙은 갈색의 속지가 나왔다.

"그리스 로마 신화?"

책장을 후루룩 넘겨보니 빡빡한 글씨 사이에는 마치 사진처럼 섬세

한 그림도 적지 않게 담겨 있었다. 레나는 고개를 갸웃거렸다.

"누구 책이지? 엄청 비싸 보이는데."

그때 번쩍, 창 밖에서 번개가 쳤다. 동시에 파직, 하며 천장의 전구가 꺼져 버렸다. 깜짝 놀란 레나는 비명을 지르며 침대로 뛰어들었다.

"으악! 번개는 딱 질색이란 말이야."

레나는 머리끝까지 담요를 뒤집어쓴 채 잠을 청했다. 뒤늦게 몰려온 피로는 레나를 눈 깜빡할 사이 깊은 잠으로 끌고 들어갔다. 사방이 어둠 속에 잠기고 모든 것이 멈추자 푸른 달빛이 레나의 방 안으로 스며들었다. 흐릿한 달빛은 잠깐 어두운 방 안을 방황하듯 헤매다가 레나가 덮고 자는 담요 위에 머물렀다. 달빛은 담요 안까지 스며들어 레나가 꽉 껴안은 책의 표지에 새겨진 금박들을 쓰다듬듯이 어루만지다가 마지막으로 레나의 짙고 검은 머리카락 사이로 사라졌다.

"으으음……."

그 순간 레나가 몸을 뒤척였다. 즐거운 꿈이라도 꾸는지 레나의 입가에는 작은 미소가 떠올라 있었다.

2장
이상한 학교, 이상한 선생님, 이상한 친구들

쏴아아-!

수돗물은 정신이 번쩍 들 정도로 차가웠다. 얼굴을 닦고 거울을 본 레나는 한숨을 푹 쉬었다.

"하도 자서 얼굴이 완전 달덩이가 다 됐네."

얼굴과 머리의 물기를 닦아낸 레나는 손에 든 축축한 수건을 잠깐 내려다보았다. 평소 같으면 고민할 것도 없이 세탁기 안으로 던져 넣으면 끝날 일이었다. 하지만 아무리 눈을 씻고 봐도 화장실 안에는 세탁기 비슷한 것도 없었다. 레나는 한숨을 쉬며 수건을 물에 담갔다. 그리고 세숫비누 옆에 놓인, 누렇고 네모난 빨래비누를 집어 들었다. 그러고는 힘껏 수건을 빨며 중얼거렸다.

"완전 신데렐라가 따로 없네. 아니지, 여긴 한국이니까 콩쥐라고 해야겠네."

 옥상에 수건을 넌 뒤 레나는 무슨 옷을 입을지 잠깐 고민을 했다. 배낭에 챙겨온 옷은 많지 않았다. 그리고 대부분은 레나의 마음에 쏙 드는, 다시 말해서 시골에서 입기 너무 튀는 옷들이었다. 한참 고민한 끝에 레나가 집어든 것은 전 학교에서 입던 교복이었다.

 "학생은 학생답게 입어야지."

 레나가 옷차림에 신경을 쓴 이유는 따로 있었다.

 "어제 하루 동안 만난 재우 선생님과 우혁이 외모로 봐서는 다른 아이들도 훈남일 가능성이 무지 커. 학교가 상태가 이래도 사랑만 있으면 그럭저럭 견딜 수 있을 거야. 여기서 내 청춘을 꽃피워 보는 거야."

 드르륵.

 레나는 9시 정각에 교실로 내려갔다. 교실 안에 있던 재우 선생님과 새 친구들의 시선이 일제히 레나에게 쏟아졌다. 그들과 얼굴을 마주한 레나는 자기도 모르게 숨을 헉, 삼켰다.

 "왔구나? 안 그래도 네 얘기를 하고 있던 참이야. 인사하고 자리에 앉으렴."

 레나의 굳은 얼굴을 본 재우 선생님은 상냥한 미소를 지으며 손짓을 했다. 레나는 쭈뼛쭈뼛 재우 선생님의 옆에 섰다.

 "아, 안녕. 서울에서 전학 온 홍레나야. 잘 부탁해."

 레나는 어색한 웃음을 지으며 말했다. 그리고는 남몰래 한숨을 푹 내쉬었다. 새 친구들의 상태는 절망적이었다. 촌스러운 물방울 무늬에 눈이 아플 정도로 알록달록한 꽃무늬 옷은 보기만 해도 머리가 어지러웠다. 집에서 대충 자른 듯 제멋대로인 머리는 새 둥지처럼 뒤엉켜 있었고, 햇볕에 타서 시커먼 얼굴색은 여기가 한국인지 아프리카의 어디쯤인지 헷갈리게 만들기 충분했다. 이름조차 충격적으로 촌스러웠다.

"반가워. 난 춘례야. 우와, 그게 교복이야?"

"진짜 예쁘다. 난 순심이. 친하게 지내자."

"난 염충길이라고 해. 너 얼굴 완전 하얗다."

"난 삼순이야. 방삼순. 완전 반가워."

레나와는 달리 아이들은 레나를 신기한 눈으로 빤히 쳐다보았다. 아이들의 뜨거운 관심과 재우 선생님의 흐뭇한 미소를 받으며 레나는 천천히 걸음을 옮겼다. 빈자리는 창가 쪽에 나란히 붙은 두 자리뿐이었다. 레나는 그중 볕이 잘 드는 자리를 골라 앉았다. 그러고는 곧바로 후회했다.

'나 바본가 봐. 가뜩이나 에어컨도 나오지 않는 더운 여름날 제일 따뜻한 자리를 골라 앉을 건 뭐람.'

드르륵!

그 순간 교실 문이 벌컥 열렸다. 레나에게 쏠려있던 아이들의 시선이 일제히 문 쪽으로 돌아갔다. 레나 역시 깜짝 놀란 눈으로 그쪽을 쳐다보았다.

"선우혁?"

레나보다 늦게 교실로 들어선 사람은 우혁이었다. 레나는 힐끗 벽에 걸린 시계를 곁눈질했다. 시계 바늘은 벌써 9시 20분을 넘어서고 있었다. 하지만 수업시간에 한참 늦은 우혁도, 그런 우혁을 바라보는 재우 선생님이나 아이들도 늘 있는 일이라는 듯 태연하기만 했다. 우혁은 늘어지게 하품을 하며 뚜벅뚜벅 교실을 가로질러 걷기 시작했다.

"아, 안녕?"

우혁이 자신의 책상 바로 앞에 멈추자 레나는 어색하게 인사를 건넸다. 하지만 우혁은 대답 대신 퉁명스레 손가락을 까딱까딱 움직이며 말했다.

"옆으로."

"응?"

"거기 내 자리니까 비키라고."

우혁이 인상을 쓰며 버럭 소리치자 레나는 화들짝 놀라 벌떡 일어났다. 창가 자리가 비자 우혁은 말 한 마디 없이 자리에 털썩 앉았다.

재우 선생님이 화난 얼굴로 말했다.

"인마, 선우혁! 처음 본 친구한테 그게 뭐하는 짓이야?"

"친구는 무슨…… 여기 내 자리 맞잖아요. 그리고 얘 어젯밤에 벌써 만났어요."

우혁은 힐끗 옆에 선 레나를 돌아보았다. 비웃는 듯 그의 한쪽 입꼬리가 위로 올라갔다.

"어이, 호박. 기숙사에서 편하게 잤나 보네? 난 지금까지 영 적응이 안 되던데."

우혁은 레나가 뭐라고 대꾸할 새도 없이 하품을 하고는 책상에 엎어졌다. 그리고는 순식간에 쌔근쌔근 잠들어 버렸다.

"얘 뭐야?"

레나가 황당함에 말을 잃자 재우 선생님이 말했다.

"미안하다, 레나야. 미리 말을 했어야 하는데. 저 녀석은 우리도 두 손 두 발 들었으니까 너도 신경 쓰지 마. 음, 그런데 빈자리가 없으니 올해는 그냥 우혁이 옆자리에 앉아야 하겠구나."

'착하고 성실하다면서요!'

레나는 속으로 비명을 질렀다. 하지만 이번에도 역시 선택의 여지

는 전혀 없었다. 재우 선생님의 말대로 빈자리는 우혁의 옆자리 하나뿐이었다. 레나는 필사적인 기분으로 다른 친구들을 돌아보았다. 하지만 착하고 순박해 보이는 새 친구들도 우혁의 옆자리만큼은 사양하고 싶은지 재빨리 시선을 돌려 버렸다. 할 수 없이 레나는 우혁의 옆자리에 앉았다.

레나가 자리에 앉자 비로소 수업이 시작되었다.

"첫 수업은 세계사지? 오늘 배울 부분은 중세 유럽 부분이야. 사상가들은 이때를 암흑기라고도 불렀어. 왜 그랬느냐 하면……."

재우 선생님의 수업은 지루하지 않고 재미있었다. 친구들은 간간히 웃음을 터뜨리고는 했다. 하지만 레나의 귀에는 재우 선생님의 설명도, 아이들의 웃음소리도 들리지 않았다. 그저 들리는 것이라고는 우혁의 규칙적인 숨소리와 창밖 어디선가 들리는 매미의 울음소리뿐이었다.

'유럽이 아니라 홍레나의 암흑기다. 짝은 완전 싸가지에 애들은 촌티 작렬이고 방은 생각도 하기 싫어. 나 여기서 잘 지낼 수 있을까?'

레나의 일상은 지루할 정도로 단조로웠다. 아침에 눈을 뜨면 정신이 번쩍 날 정도로 차가운 물로 씻고 아래층 급식실로 내려간다. 급식실에는 항상 먹을 게 있었다. 주로 신선한 채소들이었는데 어느 날은 오이가, 또 어떤 날에는 토마토나 당근이 산처럼 쌓여 있었다. 가끔은 도저히 먹을 수 없을 것 같은 이상한 채소들이 레나를 놀라게 하기도 했다.

"교장 선생님이 직접 가꾸시는 거야."

재우 선생님은 무슨 비밀을 털어놓듯 말했다. 하지만 그건 이미 레나도 알고 있는 일이었다. 운동장의 절반이나 되는 텃밭을 못 본 척 하기는 불가능했으니까. 더구나 새 친구들은 레나에게 무엇이든 말해 주려고 안달이었다. 레나는 벌써 교장 선생님에 대해 별로 궁금하지 않은 일들까지 죄다 알고 있었다. 그리고 실제로 급식실에서 한 번 마주친 적도 있었다. 머리가 반쯤 벗겨지고 남은 머리도 하얗게 센 교장 선생님은 레나가 인사를 건네자 흙이 잔뜩 묻은 채소를 덥석 손에 쥐어 주었다.

급식실에서 대충 아침을 때운 뒤에는 수업에 들어갔다. 재우 선생님은 열정이 가득한 교사였다. 교사 자격을 딴 뒤에 한참이나 기다렸다가 발령을 받아 온 첫 근무처라서 그런지 학교에 대한 애정도 대단했다. 그는 수업이 없을 때는 빈 교실을 쓸고 닦았으며, 일주일에 한 번은 현장학습이라는 명목으로 학생들을 뒷산이나 계곡으로 끌고 가고는 했다. 하지만 이런 그의 도 넘은 열정을 아이들은 썩 반기지 않았다. 그도 그럴 것이 지금까지 뛰어놀던 놀이터인 뒷산에 수업 명목으로까지 가고 싶지는 않았던 것이다.

"귀찮게 좀 하지 말고 제발 나 좀 내버려 두세요."

가장 심하게 반발하는 사람은 우혁이었다. 우혁은 가끔씩 너무하다 싶을 정도로 매몰차게 재우 선생님에게 쏘아붙였다. 그러면 재우 선생님은 풀이 죽은 강아지처럼 어깨를 축 늘어뜨리고는 했다.

"야, 선우혁! 너무 심한 거 아냐? 선생님은 우리를 위해서 열심히 준비하셨는데 그렇게까지 심하게 굴 필요는 없잖아?"

보다 못한 레나가 한 마디 건넸다. 그러자 우혁은 특유의 비웃는 듯한 표정으로 말했다.

"그럼 호박 네가 따라가든가. 참고로 이 날씨에 그 짧은 치마 입고 숲에 들어갔다가는 온갖 벌레들이 다 달려들 거다. 거기에 뱀도 조심해야지. 아차, 말벌도 잊지 말고."

"버, 벌레? 뱀? 말벌? 요즘 세상에 뱀이라니. 괜히 해 보는 말이지?"

레나는 우혁의 말에 다른 친구들을 쳐다보았다. 하지만 친구들 역시 우혁과 비슷한 얼굴로 고개를 흔들었다.

"여름에 숲에 들어가는 건 나도 반대야."

"아빠 따라가는 건 어쩔 수 없는데 수업까지 산속에서 받긴 싫다."

"그리고 요즘 진짜 말벌이 극성이야. 된장 바르면 냄새도 오래가고."

아이들의 말에 레나는 할 말을 잃었다. 말벌이나 뱀이 자기 인생에 끼어들 거라곤 상상도 못 했기 때문이었다.

우혁이 다시 책상에 철퍼덕 드러누우며 말했다.

"그러니까 아무것도 모르면서 괜히 나서지 마. 호박, 네가 장단을 맞춰 주면 삼촌은 또 엉뚱한 일을 벌일 거란 말이야."

우혁의 말에 레나는 다시 한 번 울컥했다.

"얘가 또 호박이라고 부르네? 야! 내가 어딜 봐서 호박이야? 잘 봐!

내가 이래봬도…… 너 설마… 자?"

우혁은 정말 쌕쌕 숨을 내쉬고 있었다. 레나의 머리 위로 하얀 김이 폴폴 솟아났다.

"으악! 선우혁, 너 자는 척하는 거지? 당장 안 일어나?"

"레나야, 진정해. 우혁이 쟤가 원래 저래. 머리만 닿으면 잔다니까."

"그래. 레나 네가 참아."

아이들이 당장이라도 우혁에게 달려들 듯 것 같은 레나의 팔을 잡았다.

"아니 인간이 어떻게 딱 3초 만에 잘 수가 있어?"

"우리도 우혁이 볼 때마다 신기한 점이야. 하루 종일 자고도 머리에 뭐만 닿으면 잔다니까."

"그런데 레나 너, 의외로 힘 엄청 세다? 보기엔 되게 약해 보이는데."

"응? 내, 내가 무슨 힘이 세? 그나저나 다음 수업이 뭐더라."

레나는 무안함을 감추기 위해 급히 가방을 뒤졌다. 그러고는 잠이 든 우혁의 얼굴을 힐끗 노려보았다.

'너 때문에 모범생에 도도공주 홍레나 이미지가 완전 다 무너진다. 그런데도 잠이 오냐, 잠이 와?'

레나를 더 열 받게 하는 것은 잠든 우혁이 그림처럼 잘생겼다는 점이었다. 창문으로 쏟아져 들어온 햇볕은 아무렇게나 헝클어진 그의 머리카락 위에서 눈부시게 부서졌다. 오뚝한 콧날 위로는 긴 속눈썹의 그림자가 가지런히 드리워졌고, 단정한 입술은 여자인 레나의 그것보다 더 붉었다. 날렵한 어깨는 단단해 보였고, 책상 아래 아무렇게나 구겨 넣은 다리는 샘이 날 정도로 길었다. 하지만 완벽한 것은 그의 외모뿐임을 레나는 지난 며칠간 뼈저리게 실감하고 있었다.

"얼굴만 멀쩡한 심술쟁이. 그 얼굴로 왜 그러고 사냐?"

레나의 작은 투덜거림이 들려서였을까, 잠을 자던 우혁이 갑자기 비명을 지르며 깨어났다.

"으아악!"

"까, 깜짝이야. 왜?"

레나의 질문에 우혁은 대답도 하지 못한 채 끙끙 신음을 흘렸다.

"쥐, 쥐가……."

"쥐? 쥐라고?"

"쥐가……."

"꺄아악! 쥐가 나왔대!"

"어디? 어디?!"

레나가 비명을 지르며 책상 위로 펄쩍 뛰어오르자 교실 안은 한바탕 난리가 났다. 여자애들은 레나와 마찬가지로 기겁을 했고, 남자애들 역시 화들짝 놀라 펄쩍 뛰어올랐다. 우혁이 버둥거리며 다시 신음 소리를 냈다.

"그게 아니라 다리에 쥐가 났다고……."

우혁의 대답에 레나를 비롯한 반 친구들 모두가 일제히 할 말을 잃은 듯 침묵했다. 레나는 책상 아래로 풀쩍 뛰어내렸다. 그리고 분노를 가득 실은 주먹으로 우혁의 뒤통수를 때렸다.

퍼억!

"그럼 그렇다고 얼른 말을 해야지, 이 바보야!"

"으악! 이 호박이……!"

"내가 호박이라고 부르지 말랬지?"

레나는 꾹꾹 눌러 참았던 스트레스를 다 풀기로 작정이라도 한 듯 우혁에게 버럭버럭 소리쳤다.

"그리고 며칠 전에 옥상에서 찐 감자 먹은 거 너지? 제발 부탁인데 먹을 것 좀 가지고 올라오지 마. 가뜩이나 더러운데 개미까지 생겨야겠니? 내가 그거 치우느라 얼마나 짜증이 났는지 알아? 또 내가 빨아 놓은 수건도 썼지? 걸리면 죽는다, 응? 내가 얼마나 힘들게 한 빨래인데 그걸 홀랑 갖다 써? 그리고 제발 밤에 노래 좀 부르지 마. 네가 베짱이야? 귀뚜라미야? 잠 좀 자자. 네가 무슨 달만 뜨면 울부짖는 늑대도 아니고 왜 그 시간에 노래를 부르는데? 그것도 음정, 박자 다 무시하고. 그런 거 민폐라는 거 몰라?"

레나의 엄청난 고함에 다른 아이들은 교실 한쪽에 모여 작게 중얼거렸다.

"우와, 레나 쟤 무섭다."

"우혁이를 꼼짝 못 하게 하는 사람도 있구나."

"그런데 우혁이는 노래 잘 하는데."

아이들의 목소리에 레나는 그제야 아차, 싶어 입술을 깨물었다.

"레나야, 어제 노래한 거 나야."

그때 등 뒤에서 누군가 조그맣게 말했다. 레나는 뒤로 휙 돌아섰다. 교실 문 앞에 서 있는 사람은 뜻밖에도 재우 선생님이었다.

"선생님이었다고요?"

"응. 그리고 감자는 새벽에 너 주려다가 네가 자는 것 같기에 내가 먹었어. 식으면 맛이 없거든. 그리고 노래는 어제 숙직 서다가 너무 심심해서……. 그, 그래도 수건은 안 썼다. 진짜야. 그런데 나 이제 들어가도 될까? 수업 시간이거든."

재우 선생님은 변명하듯 중얼거리며 레나의 눈치를 힐끗 살폈다. 그제야 레나는 모두가 자기만 쳐다보고 있다는 사실을 깨달았다. 레나의 얼굴이 순식간에 붉게 물들었다.

"호호호, 그럼요."

그제야 선생님은 쭈뼛쭈뼛 들어왔다. 아이들 역시 부스럭거리며 자리에 앉았다.

"그럼 다들 책 펴라. 그리고 레나는 수업 끝나면 잠깐 나 좀 보자."

레나는 붉어진 얼굴을 숨기기 위해 교과서 뒤로 고개를 푹 숙였다. 그리고는 힐끗 옆자리의 우혁을 째려보았다. 우혁은 여전히 끙끙거리며 다리를 주무르고 있었다.

"으으, 이게 다 저 녀석 때문이야."

교무실은 교실 바로 옆이었다. 교무실 안에는 두 개의 책상이 놓여 있었는데 창가 쪽 책상 위에는 서류나 책 대신에 거무튀튀한 비료와 작은 씨앗 봉지, 흙이 묻은 농기구들이 수북이 쌓여 있었다. 굳이 설명을 듣지 않아도 농사가 취미인 교장 선생님의 자리라는 것을 알 수 있었다. 반대편에 놓인 재우 선생님의 책상은 폭탄이라도 맞은 듯 어지러웠다. 온갖 서류들은 작은 산을 이루고 있었고, 한쪽에 쌓인 알록달록한 파일들은 금방이라도 무너질 듯했다. 책상 뒤 한쪽 벽을 꽉 채운 책장에는 만화부터 제목을 읽기도 어려운 원서까지 온갖 종류의 책들이 마구잡이로 꽂혀 있었다.

"선생님, 제가 원래 화를 잘 내는 애가 아니거든요. 요즘 환경도 변하고 집안일도 그렇고…… 아무튼 스트레스를 받아서 그랬나 봐요. 다시는 안 그럴게요."

레나는 재우 선생님이 자리에 앉자마자 냉큼 사과부터 했다. 하지만 재우 선생님이 불쑥 내민 것은 레나의 행동과는 전혀 상관이 없는 종이 한 장이었다.

"이게 뭐예요? 연극?"

"응. 곧 방학이잖아. 그 전에 기억에 남을 만한 걸 한번 해 보려고. 혹시 연극해 본 적 있니?"

"네? 네에. 초등학교 때 연기 학원에 다닌 적이 있긴 한데."

레나는 떨떠름한 얼굴로 고개를 끄덕였다. 레나가 말끝을 흐린 이유는 연기 학원에 다닌 이유가 딱히 연기에 대한 열정이 있어서가 아니라 그 당시 같이 놀던 친구들이 모두 그 학원에 다니는 바람에 할 수 없이 다녔기 때문이었다.

레나의 대답에 재우 선생님은 들뜬 표정을 숨기지 못했다.

"정말? 너무 잘됐다. 안 그래도 뭐부터 해야 할지 엄두를 못 내고 있었는데 네가 날 도와주면 되겠다."

재우 선생님의 말에 레나는 덜컥 불안해졌다. 뭐부터 시작해야 할지 모르시면 그냥 하지 말자는 말이 목구멍까지 올라왔다. 하지만 레나가 말을 꺼내기도 전에 재우 선생님은 둘둘 말린 종이 몇 장을 또다시 레나에게 들이밀었다.

"이건 또 뭐예요?"

"내가 쓴 연극 대본인데 한 번 읽어 볼래?"

재우 선생님은 쑥스럽다는 듯 얼굴을 새빨갛게 물들이며 말했다. 레나는 조심스럽게 종이를 폈다. 그리고 종이에 적힌 글씨들을 재빠르게 읽어 내렸다.

"선생님, 이건 좀 무리겠는데요?"

재우 선생님이 쓴 대본의 대사는 닭살이 오도독 돋을 정도로 유치했다. 수십 명의 용사들이 거대한 배를 타고 거친 바다를 지나 괴물을 무찌르는 내용은 더더욱 문제였다.

"역시 그렇지?"

재우 선생님의 얼굴에는 실망한 기색이 역력히 떠올랐다. 레나는 자기가 너무했나 싶었지만 이내 고개를 흔들었다.

'이렇게라도 포기하시면 좋지 뭐. 그 시커멓고 촌스런 애들이 연극

을 할 수 있을 리도 없고.'

하지만 바로 그 순간, 재우 선생님이 덥석 레나의 손을 잡았다.

"레나야, 그럼 방법은 하나뿐이다."

재우 선생님은 언제 실망했냐는 듯 눈을 반짝였다. 그 안에 담긴 기대감과 열정을 보며 레나는 덜컥 심장이 내려앉았다. 알 수 없는 불안감에 레나는 슬쩍 한 발짝 물러서려 했다. 하지만 재우 선생님은 레나의 손을 더욱 꽉 붙잡았다.

"네가 대본을 써."

"예에에? 말도 안 돼요!"

얼마나 놀랐는지 레나는 자기도 모르게 버럭 외쳤다. 하지만 재우 선생님의 눈빛은 이제 이글이글 불타고 있었다.

"신화 이야기면 아무거나 좋아. 네 마음대로 써도 된다고. 벌써 동네 사람들한테 다 말을 해 놨단 말이야. 봐. 가정통신문도 벌써 찍었고, 이장님도 오시기로 했어. 제발 네가 나 좀 도와줘라. 응? 전학 서류 보니까 너 작문 성적 좋던데. 상도 받고."

"그거야 독후감이었죠. 연극 대본 쓰는 거랑 전혀 다르다고요."

"그러지 말고 딱 한 번만 나 좀 도와줘. 응? 내가 다른 건 두루두루 잘 하는데 글 쓰는 건 진짜 죽었다 깨어나도 안 되더라고. 그렇다고 다른 애들을 시키자니 애들은 태어나서 단 한 번도 연극을 본 적도 없대."

'그건 그렇겠지. 이 산동네에서 연극 공연을 할 리가 없지.'

레나는 새 친구들의 시커먼 얼굴을 떠올리고는 자기도 모르게 고개를 끄덕거렸다. 그러자 재우 선생님은 레나의 손을 위아래로 마구 흔들었다.

"승낙한다고? 고맙다. 진짜 고마워. 네가 날 살리는 거야."

"예? 아니, 그게 아니라……."

"책은 있니? 없으면 한 권 빌려 줄까?"

순간 레나의 머릿속에 며칠 전 옥탑방에서 발견한 책이 떠올랐다. 레나는 자기도 모르게 말했다.

"아니요. 그리스 신화라면 한 권 가지고 있어요."

"그래? 그럼 더 잘됐네. 아무 내용이나 네가 마음에 드는 내용을 고르면 돼. 잘 부탁한다."

재우 선생님은 속사포처럼 자기 할 말만 쏟아내고는 휭, 교무실을 빠져나갔다. 혼자 남게 된 레나는 한숨을 푹 내쉬었다.

"서, 선생님! 제가 한다는 게 아니라 그냥 책이 있다고요."

하지만 재우 선생님은 벌써 교무실에서 나간 뒤였다. 레나는 머리를 쥐어뜯으며 한숨을 푹푹 내쉬었다.

"일이 왜 이렇게 꼬였지? 진짜 미치겠다."

레나가 연극 대본을 쓰게 되었다는 소문은 순식간에 모든 아이들에게 퍼졌다. 소문을 낸 사람은 뻔했다. 레나는 들뜬 얼굴로 흥분해 있는 재우 선생님을 소리 없이 째려보았다.

"그럴 줄 알았다."

가뜩이나 신경이 날카로운 레나의 귀에 우혁의 목소리가 들렸다. 돌아보니 우혁의 얼굴에는 비웃음과 짜증이 절반씩 섞인 이상한 표정이 떠올라 있었다.

"무슨 소리야?"

우혁은 손가락으로 재우 선생님을 가리켰다.

"네가 삼촌의 말에 장단을 쳐 주니까 저 괴짜 선생님이 연극이니 뭐니 엉뚱한 일을 벌이는 거잖아."

뭐라고 반박하지도 못하고 레나는 한숨을 푹 내쉬었다. 얄밉기는 했지만 우혁의 말대로 자기가 딱 잘라 거절했으면 이렇게까지 일이 커지지 않았을 것이었다.

"연극을 하든 영화를 찍든 알아서 해라. 스승과 제자가 두 손 맞잡고 파란만장한 학창시절을 꽃피우겠다는데 누가 말리겠냐."

우혁은 얄밉게 키득거리고는 늘 그랬듯이 책상 위로 길게 드러누웠다.

'으으. 하여튼 같은 말을 해도 어쩜 저렇게 얄밉게 할까? 하다하다 이제 뒤통수까지 밉상이네.'

한참 입을 삐죽이던 레나의 머릿속에 한순간 번쩍이는 아이디어가 떠올랐다.

"선우혁, 너 혹시 그거 아니? 연극엔 항상 남자 주인공이 필요하다는 사실."

수업이 끝나자마자 레나는 자신의 좁은 방으로 달려갔다. 그러고는 책상 한쪽에 밀쳐 놓았던 책을 펼쳤다.

오래된 책답게 문장은 고전적이고 시적이라 인터넷이나 스마트폰에 익숙한 레나에게는 낯설기만 했다. 하지만 이상하게도 지루하지는 않았다. 오히려 레나는 중학생이 된 후 처음으로 독후감을 써야 한다는 부담 없이 온전히 책 속으로 빠져들었다. 하지만 책을 읽으면 읽을수록 마음 한 구석은 커다란 돌을 올려놓은 것처럼 무거워졌다. 책에 등장하는 모든 인물들은 남녀를 가리지 않고 모두 예쁘고 멋있었기 때문이었다. 레나는 좋은 말로는 순박하고, 나쁘게 말하자면 촌스러운 친구들의 얼굴을 떠올리고는 한숨을 푹 내쉬었다.

"연극이고 뭐고 이미지가 너무 다르잖아."

툴툴거리던 레나의 머릿속에 순간 한 사람의 얼굴이 스쳐 지나갔다. 얄밉기는 하지만 스타일만큼은 당장 청담동 한가운데 세워놔도 빠지지 않을 한 사람. 바로 선우혁이었다.

"선우혁, 내가 널 위해서라도 기절할 만큼 대사 많고 오지랖 넓은 캐릭터를 고를 거야."

콰앙!

레나가 다짐하듯 중얼거리는 순간이었다. 폭탄이 터진 듯 커다란 천둥소리와 함께 눈부신 번개가 창밖으로 내리쳤다. 태어나서 단 한 번도 본 적이 없는 강력한 번개였다. 사방이 눈부신 빛에 물드는 순간, 레나는 비명을 지르며 급히 책상 위로 엎드렸다. 눈을 질끈 감았음에도 번개의 새하얀 빛은 사정없이 레나의 머릿속을 휘저어 놓았다.

"……"

세상을 그대로 태워 버릴 듯한 강력한 빛은 한순간에 사라져 버렸다. 그리고 그 다음에 찾아든 것은 어둠이었다. 슬그머니 눈을 떠 보니 옥탑방 천장에 위태롭게 매달려 있던 백열전구는 안쪽부터 검게 그을린 채 꺼져 있었다. 책 읽기는 다 틀린 것이다.

"하다하다 이제 하늘까지 나한테 딴죽을 거네."

레나는 두 주먹을 불끈 쥐고 옥탑 문을 박차고 나왔다. 번개 때문인지 주변은 온통 암흑 천지였다. 두꺼운 구름이 낀 탓에 하늘과 땅 모두가 짙고 농밀한 어둠에 잠겨 있었다. 그리고 그 어둠과 함께 찾아온 것은 정적이었다. 세상 모든 것이 놀란 듯 주변은 숨이 턱 막힐 정도로 조용했다. 밤이면 밤마다 귀청이 따갑게 울어대던 개구리도, 피리 소리 같던 풀벌레의 울음소리도, 밤새의 날갯짓 소리도 없었다.

레나는 그 완벽한 어둠에 대고 버럭 소리쳤다.

"야! 대체 나한테 왜 그래? 내가 뭘 그렇게 잘못했는데? 엄마랑 아빠랑 헤어져서 아무것도 없는 이 시골 촌구석에 끌려왔어도 불평 한 마디 안 했잖아. 친구들하고 헤어진 것도, 내가 좋아하는 옷이랑 신발 다 버리고 온 것도 불평 안 했잖아. 그냥 책 좀 읽겠다는데 왜 그래? 잘 참고 있는데 왜……!"

소리를 지르는 레나의 눈에서 참고 참았던 눈물이 흘러내렸다. 한 번 흐르기 시작한 눈물은 터져 버린 둑처럼 도저히 막을 수가 없었다.

"흑흑흑! 어두운 건 질색이란 말이야."

바로 그 순간 번개가 또 다시 내리쳤다. 조금 전보다 훨씬 더 강력한 번개는 어둠을 한순간에 날려 버렸다. 그리고 그 빛 가운데 누군가 서 있었다. 눈부신 번개의 빛을 받아 기묘하게 일그러진 상대방의 모습은 영락없이 지구를 침략하러 온 외계인, 혹은 그나마 달랑 하나뿐인 자신의 가방을 빼앗으러 온 흉악범이었다.

"꺄아아악!"

레나는 자기도 모르게 비명을 질렀다. 그리고 그대로 딱딱한 바닥에 쓰러졌다.

쿠르르릉-!

"또야? 무슨 학교가 번개만 치면 정전이야. 잠이나 자자."

우혁은 번개가 치는 것과 동시에 불이 꺼지자 만화책을 휙 던져 버리고 이불 속으로 파고들었다. 하지만 우혁은 잠을 잘 수 없었다. 레나의 처절한 고함때문이었다.

"으아아악! 나한테 왜 이러냐고? 책 좀 읽자!"

레나의 발악하는 듯한 고함은 이내 흐느낌으로 바뀌었다. 우혁은 곤란하다는 듯 머리를 긁적이다가 벌떡 일어났다.

"하여튼 요란하기는. 책이야 내일 읽으면 되지 왜 울어? 으으, 귀찮아 죽겠네."

툴툴거리는 말과 달리 우혁은 이불을 박차고 일어나 서랍 안쪽을 더듬어 큼직한 드라이버를 찾아들었다. 하도 자주 정전이 되다보니 이제 끊어진 퓨즈를 갈아 끼우는 일쯤은 눈을 감고도 할 수 있었다.

우혁이 막 방 밖으로 나서는 순간, 또 한 번 번개가 내리쳤다. 바로 학교 뒷산에 떨어진 번개는 조금 전의 것보다 훨씬 더 강력했다.

"꺄아아악!"

레나도 놀랐는지 비명을 질렀다. 황당하게도 레나는 비명을 지르고는 그대로 기절해 버렸다. 놀란 우혁이 레나에게 달려갔다.

"야! 홍레나? 너 왜 그래?"

우혁이 레나의 어깨를 잡는 것과 동시에 천지를 뒤흔드는 천둥소리가 밀려왔다.

쿠르르릉-!

그리고 차가운 비가 떨어지기 시작했다. 갑작스럽게 쏟아지기 시작한 빗속에서 우혁은 레나의 이름을 부르고 또 불렀다.

"홍레나-! 정신 좀 차려!"

3장
여기가 신화 속?
말도 안 돼!

"으으음……."

눈가를 간질이는 햇살과 머리카락을 가볍게 흔드는 바람에 레나는 다시 정신을 차렸다. 눈을 뜨자 가장 먼저 보이는 것은 초록의 숲이었다. 길고 곧게 뻗은 나무들과 그 나무둥치를 뒤덮은 보드라운 이끼는 초록 물감을 끼얹은 듯 선명했다.

"여기가 대체 어디지? 난 분명히 학교 옥상에 있었는데."

레나는 벌떡 일어나 주변을 둘러보았다. 하지만 아무리 살펴보아도 이곳은 학교가 아니었다. 학교는커녕 전봇대 하나 보이지 않았다.

숲은 묘하게 이국적이었다. 나무도, 풀도, 꽃도, 심지어 공기조차 낯설었다. 레나는 덜컥 불안해졌다.

"여보세요? 누구 없어요?"

레나의 가늘게 떨리는 목소리는 조심스럽게 사방으로 퍼져나갔다. 작은 메아리는 나무와 나무 사이로 떠돌다가 연기처럼 흩어졌다. 짐작한대로 대답은 없었다. 하지만 그 대신 다른 소리가 레나의 귓가를 간질였다. 나뭇잎을 흔드는 바람에는 누군가의 웃음소리와 장난기 가득한 속삭임이 섞여 있었다. 길게 웃자란 풀들은 마치 살아있는 것처럼 발목을 톡톡 건드려 레나는 벌에 쏘인 것처럼 펄쩍 뛰어올랐다. 그럴 때마다 어디에선가 누군가의 숨죽인 웃음소리가 들렸다.

"좋아. 누군지 모르지만 장난은 그만 치고 어서 나와. 전학생이라고 놀리는 모양인데 나 이런 걸로 겁먹는 애 아니야!"

레나가 소리쳤다. 하지만 목소리는 아까보다 더 심하게 떨리고 있었다. 이곳이 평범한 숲이 아님을 느꼈기 때문이었다.

'비현실적이야. 꼭 그림 속에 들어온 것 같아.'

시든 나뭇잎 하나, 꺾인 꽃 한 송이 없는 숲은 지나치게 완벽했고, 어딘가 몽환적이었다. 바람이 불지 않아도 나뭇잎들은 하늘하늘 춤을 추었고, 그 흔한 개미 한 마리 보이지 않았다. 레나의 목이 바싹바싹 타고 심장은 미친 듯이 뛰었다.

긴장으로 잔뜩 굳어진 레나의 귀에 졸졸, 물 흐르는 소리가 들렸다. 레나는 슬금슬금 주변을 살피며 소리가 나는 쪽으로 향했다.

샘물은 가까운 곳에 있었다. 마치 숲이 시작되고부터 그 자리를 지키고 있는 듯 거대하고 새하얀 바위를 타고 졸졸 흘러내린 샘물은 바위 아래쪽에 흐드러지게 핀 꽃무더기 아래로 잠깐 사라졌다가 두 줄기로 갈라져서 아래로 한 방울 한 방울 떨어져 내렸다. 그 아래쪽에는 누군가 가져다 놓은 듯한 항아리 두 개가 놓여 있었다. 하나는 눈처럼 하얗고, 다른 하나는 까마귀의 깃털처럼 까만 두 항아리에는 똑같이 투명하고 맑은 물이 가득 담겨 있었다.

긴장과 두려움으로 목이 탔던 레나는 두 항아리 중 하얀색 항아리를 덥석 집어 들었다. 그리고는 그대로 꿀꺽꿀꺽 마시기 시작했다. 신기하게도 물은 무척 달았다. 마치 꿀을 탄 듯이. 더 이상한 것은 아무리 마셔도 배가 부르지 않다는 점이었다. 한참을 정신없이 마시고 보니 항아리는 어느새 텅 비어 있었다.

"크으, 시원하다. 그런데 이거 진짜 내가 다 마신 거야?"

레나는 텅 빈 항아리를 내려다보며 고개를 갸웃거렸다. 항아리는 크지도 않았지만 결코 작지도 않았기 때문이었다. 하지만 레나는 곧바로 고개를 휙휙 흔들었다.

"목이 많이 말랐나 보지. 그리고 물이야 또 채워 놓으면 되잖아?"

레나는 하얀 항아리를 내려놓았다. 그리고 바로 옆에 놓인, 물이 가득 찬 까만 항아리를 들었다.

촤아악-

레나가 항아리를 기울이자 까만 항아리의 물이 하얀 항아리 쪽으로 쏟아졌다. 두 항아리의 물이 비슷해지자 레나는 까만 항아리를 원래의 자리에 내려놓았다.

"그런데 진짜 여긴 어디지? 그 번개 속에서 봤던 건 또 누구였지?"

레나가 끙끙 머리를 싸매고 숲을 서성일 때 수풀 속에서 인기척이 났다. 레나는 소리가 난 쪽으로 핑글 돌아섰다. 그리고 눈을 휘둥그렇게 떴다.

깊고 울창한 수풀 사이로 다가오는 사람은 두 명이었다. 한 명은 감탄사가 절로 나올 정도로 아름다운 여인이었다. 외모는 얼핏 20대 후반이나 30대 초반처럼 보였지만 금방이라도 흘러내릴 듯 하늘하늘한 원피스로 감싼 몸과 유혹적인 몸짓은 나이를 짐작하기 어렵게 했다. 황금으로 빚은 듯한 머리카락은 물결치듯 나부꼈고, 햇빛 아래 드러난 피부는 진주 가루를 뿌린 듯 반짝거렸다.

다른 한 명은 청년이었다. 붉은색으로 보일 정도로 짙은 갈색 머리에 한쪽 어깨를 통째로 드러낸 그는 나란히 걷는 여인을 쏙 빼닮았다. 오똑한 콧날과 짙고 검은 눈동자는 그린 듯 단정했고, 비밀을 간직한 듯 살짝 미소 지은 입술은 꽃잎처럼 붉었다.

그의 얼굴을 본 순간 레나는 숨을 들이키며 짤막한 비명을 질렀다. 하지만 그건 결코 그가 아름다워서가 아니었다. 그는 다름 아닌 우혁이었던 것이다.

"선우혁!"

하지만 청년은 레나의 말에 가볍게 인상을 썼다.

"인간, 날 뭐라고 부른 거냐? 그보다 어떻게 여기에 온 거지? 이곳은 아무나 들어올 수 없는 곳인데."

레나는 그의 말에 눈썹을 찌푸렸다.

"인간? 네가 내 속을 긁다 못해 아주 뒤집어놓으려고 작정을 했구나."

"뭐, 뭐? 감히 인간 주제에…….'

레나의 말에 청년이 눈을 크게 떴다. 그가 화를 내자 레나는 그의 갈색 머리카락이 조금씩 붉어지는 듯한 착각이 들었다. 하지만 레나는 이내 고개를 흔들었다.

'사람 머리색이 바뀌는 게 말이 돼? 아마 햇빛 때문일 거야.'

레나가 고개를 흔드는 사이 여인과 청년은 레나의 코앞까지 다가와 있었다. 가까이 다가온 그를 레나는 유심히 쳐다보았다. 얼굴은 우혁과 똑같았지만 머리는 훨씬 길었다. 어깨에 닿을 정도의 긴 머리카락을 한참 살피던 레나가 문득 짝, 손뼉을 쳤다.

"아하, 알았다. 너 가발 썼구나?"

"뭐?"

"가발 말이야. 얼굴이 봐 줄 만해서 그럭저럭 어울리기는 하네. 그런데 옷이 이게 뭐니?"

레나는 고개를 설레설레 흔들며 우혁의 주위를 한 바퀴 돌았다. 그의 옷차림은 한 마디로 충격적이었다. 한쪽 어깨만을 덮은 천은 엄청 짧아 그의 길고 곧은 다리가 고스란히 드러났다. 숏팬츠에 익숙한 레나조차 슬쩍 얼굴을 붉힐 정도였다. 게다가 팔뚝에는 온통 누런 황금빛 액세서리를 칭칭 휘감고 있었고, 심지어 샌들조차 황금색이었다. 레나는 가볍게 한숨을 쉬었다.

"우혁아, 네가 무슨 소크라테스야? 이 팔찌는 또 뭐고? 척 봐도 가짜 티 너무 난다. 이런 건 대체 어디서 구하는 거야?"

한껏 그를 비웃던 레나가 순간 피식 웃었다.

"아하! 연극 때문이구나? 귀찮다고 튕길 때는 언제고 가발에 의상까지…… 야, 이런다고 내가 널 멋있게 써 줄 것 같아?"

레나는 키득키득 웃으며 손을 뻗어 그의 어깨를 두드리려고 했다. 하지만 레나의 손은 그의 몸에 닿기도 전에 허공에서 멈추고 말았다. 레나는 그의 화난 얼굴과, 자신의 손목을 움켜잡은 그의 손을 번갈아 바라보며 말했다.

"좋은 말로 할 때 놔라. 어디 감히 숙녀의 몸에 손을 대?"

"그건 내가 할 말이다. 감히 인간 주제에 신의 몸에 손을 대려 하다니."

"신? 너 진짜 왜 그래? 어디 아파? 아프면 병원에…… 아아악! 아파! 아프다고!"

그의 눈이 번뜩이는 순간, 레나는 비명을 질렀다. 눈물까지 그렁그렁 맺힌 레나의 귀에 나지막하고 위협적인 속삭임이 들렸다.

"잘 들어라, 인간. 나는 사랑의 신 에로스다. 그리고 저 분은 나의 어머니이시자 미의 여신 아프로디테님이시다."

"에로스? 아프로디테?"

코앞까지 다가온 에르스의 얼굴을 똑바로 올려다보며 레나는 자기도 모르게 하얗게 질리고 말았다. 날카롭게 자신을 쏘아보는 에로스의 눈동자 때문이었다. 깊고 깊은 바다처럼 검푸르던 그의 눈동자가 한순간 지옥의 불구덩이처럼 새빨갛게 변했다. 눈동자가 변하는 것과 동시에 그의 갈색 머리카락 역시 점점 빨갛게 물들어갔다. 거기에 그에게 잡힌 손목은 이제 불덩이라도 닿은 듯 화끈거렸다. 느낌이 아니라 정말로 에로스의 온몸에서 레나는 감당 못할 열기가 뿜어져 나오고 있었다.

"그, 그만! 아프다고…… 아파요!"

레나가 눈물을 글썽이며 외쳤다. 하지만 에로스의 분노는 좀처럼 풀릴 것 같지 않았다.

"그만둬라, 아들아."

다행히도 아프로디테가 나서서 에로스의 분노를 가라앉혔다. 그녀

의 말에 에로스는 그제야 움켜잡은 레나의 손을 놓아 주었다.

"아윽, 너무 아파."

레나의 손목은 그 짧은 시간동안 시뻘겋게 부어올랐다. 레나는 힐끗 에로스를 원망스러운 눈으로 쳐다보고는 아프로디테에게 말했다.

"고맙습니다."

"널 위해서 그런 게 아니야. 여기서 네가 죽으면 내 샘물이 더러워질까 봐서지."

"샘물이 더러워질까 봐? 단지 그 이유 때문에요?"

레나는 자기도 모르게 되묻고 말았다. 아프로디테는 짜증난다는 듯 눈썹을 치켜 올렸다.

"인간! 경고하는데 내 말에 토 달지 말고 말대답도 하지 마. 아무리 이곳이 나의 샘가라고 하더라도 더 이상의 건방진 행동은 용서 안 해."

레나를 노려보는 아프로디테의 눈빛이 한순간 에로스보다 더 빨갛게 물들었다. 눈빛뿐이 아니었다. 허리까지 늘어진 머리카락 역시 단숨에 불타오를 듯 새빨갛게 변했다.

"헉! 머리가……."

"금방 내가 한 말 그새 잊어버렸어? 안 그래도 주름살이 생겼느니 배가 나왔느니 시비 거는 헤라 때문에 짜증나 돌기 직전이거든?"

따악!

"아얏!"

아프로디테는 말을 끝내는 깃과 동시에 레나의 이마를 손가락으로 가볍게 튕겼다. 레나는 자기도 모르게 비명을 지르며 그 자리에 주저앉고 말았다. 에로스보다 더 키가 큰 아프로디테는 여신답게 힘도 엄청 셌다. 레나의 이마는 벌써 벌겋게 부풀어 올라 있었다.

"아흑. 이렇게 아픈 걸 보면 꿈은 아닌데. 그럼 여기가 진짜 신화 속이란 말이야? 아니 어떻게? 왜 하필 난데?"

"야!"

혼란스러운 얼굴로 중얼거리는 레나의 귀에 불량기 가득한 아프로디테의 목소리가 들렸다. 레나는 반사적으로 위를 쳐다보며 버럭 소리쳤다.

"복잡해 죽겠는데 왜 자꾸 불러요?"

"어쭈? 말대답하지 말랬더니 이제 아주 대놓고 반항을 하네? 꼬맹아, 너 진짜 살기 싫구나?"

활활 불타는 듯한 눈으로 주먹을 불끈 쥐어 보이는 아프로디테는 영락없는 뒷골목의 무서운 언니였다. 처음 보았던 신비하고 우아하던 모습은 눈을 씻고 봐도 찾을 수가 없었다. 레나는 맹렬히 고개를 저었다.

"아, 아니에요. 반항이라뇨. 제가 여신님을 처음 봐서 잠깐 어떻게 됐었나 봐요."

레나의 다급한 변명에 아프로디테는 짐짓 너그러운 척 고개를 끄덕거렸다.

"하긴 미천한 인간 주제에 이렇게 아름다운 날 봤는데 제정신일 리가 없지."

 황당할 정도로 자신만만한 아프로디테의 말에 레나는 기가 막혔다.
 '아줌마, 옛날에는 어땠는지 모르지만 지금은 텔레비전만 틀면 당신보다 훨씬 더 예쁜 언니들이 널리고 널렸거든요?'
 하지만 입을 쩍 벌린 레나의 표정은 누가 봐도 감탄한 듯한 얼굴이었다. 아프로디테는 훗, 코웃음을 치며 가볍게 손을 까딱거렸다.
 "하여튼 인간들이란…… 너무 예쁜 것도 피곤해."
 "에?"
 "아우, 어머니……."
 이번에는 레나뿐만 아니라 에로스마저 난감한 표정을 지었다. 그러자 아프로디테는 가볍게 헛기침을 하고는 레나를 향해 손가락을 까딱거렸다.
 "가져 와."
 "예?"
 아무 설명도 없이 무작정 손을 내미는 아프로디테를 보며 레나는 되묻지 않을 수 없었다. 아프로디테는 짜증스럽다는 듯이 미간을 찡그렸다.
 "진짜 주름살 생기게 할래? 저거 말이야, 저거!"
 하지만 답답하기는 레나도 마찬가지였다.
 "아줌…… 아니 여신님, 대뜸 화부터 내시면 어떻게 해요? 뭘 가지고 오라는 선시 정확히 말씀을 하셔야죠."

"너 정말!"

"멍청한 인간아, 어머니께서 매혹의 샘물을 마시고 싶으시다잖아."

레나의 말에 간신히 이성을 찾았던 아프로디테의 분노가 다시 치솟기 직전 에로스가 끼어들었다. 하지만 에로스의 말 역시 레나가 알아듣기 힘들기는 마찬가지였다.

"매혹의 샘물이 뭐예요?"

에로스는 멍하니 되묻는 레나를 한심하다는 눈으로 쳐다보았다. 그의 얼굴은 영락없이 우혁의 그것이어서 레나는 괜히 울컥 화가 났다. 하지만 그런 마음을 드러낼 수는 없었다. 상대는 무려 신이었으니까. 레나가 할 수 있는 일이라고는 고작 고개를 푹 숙이고는 마음속으로 외치는 일 뿐이었다.

'짜증나는 건 바로 나라고! 갑자기 웬 신? 여신? 대체 여기는 어디냐고!'

고개를 푹 숙인 채 어깨를 부르르 떠는 레나는 영락없이 두려움에 떠는 인간의 모습이었다. 에로스는 혀를 끌끌 차며 직접 샘가로 걸어갔다. 그리고는 물이 절반쯤 채워진 하얀 항아리를 집어 들어 아프로디테에게 바쳤다. 항아리를 받아든 아프로디테는 고개를 갸웃거리며 말했다.

"이상하네. 한동안 마시지 않아 가득 차 있을 줄 알았는데."

찰랑거리는 물소리에 레나는 고개를 들었다. 그러고는 깜짝 놀랐다.

"어? 그게 매혹의 샘물이라고? 그럼 저건 뭐예요?"

"너 진짜 바보구나. 이쪽이 매혹의 샘물이라면 저건 당연히 경멸의 샘물이지."

에로스가 말했다. 동시에 레나는 눈앞이 깜깜해졌다.

"그럼 내가 마신 게…… 잠깐만요! 여신님, 잠깐만!"

레나가 다급히 외쳤다. 하지만 아프로디테는 벌써 항아리의 물을 한 모금 마신 뒤였다.

"으웩! 이게 뭐야?"

아프로디테는 물을 한 모금 마시자마자 와락 인상을 쓰며 항아리를 떨어뜨렸다. 놀란 에로스가 뛰어왔다.

"어머니, 왜 그러세요?"

"물이 써."

아프로디테는 놀란 듯 말을 잇지 못했다. 그와 동시에 기이한 일이 벌어졌다. 그녀를 감싸고 있던 은은하면서도 달콤한 향기가 씻은 듯 사라져 버린 것이다.

아프로디테의 아름다움은 여전했다. 피부는 여전히 투명했고, 입술은 꽃잎처럼 붉었다. 황금빛 머리카락은 여전히 부드러웠고, 눈빛은 맑았다. 하지만 놀랍게도 그녀는 더 이상 보는 사람들의 심장까지 사로잡지 못했다. 그녀는 더 이상 매력적으로 보이지 않았다.

에로스는 아프로디테가 떨어뜨린 항아리에서 흘러내린 물을 조심스레 손끝으로 찍었다. 그리고 입에 대 보았다.

에로스가 놀란 얼굴로 말했다.

"정말 쓰네요. 설마……!"

에로스와 아프로디테의 시선이 허공에서 마주쳤다. 그리고 동시에 레나를 돌아보며 소리쳤다.

"인간!"

"대체 내 샘물에 무슨 짓을 한 거냐?"

분노한 에로스와 아프로디테의 고함이 천둥처럼 온 숲을 뒤흔들었다. 새들은 퍼드덕 날아올랐고, 날개가 없는 동물들은 굴 속 깊숙이 숨어들었다. 슬금슬금 뒷걸음질을 하던 레나도 깜짝 놀라 그 자리에 다시 주저앉고 말았다.

에로스와 아프로디테의 뜨겁다 못해 데일 듯한 시선을 받으며 레나가 말했다.

"사실은 아까 제가 목이 엄청 말랐었거든요. 그래서 물을 좀 마셨는데요."

아프로디테는 믿어지지 않는다는 듯 되물었다.

"물을 마셨다고?"

"그러니까 저기 저 하얀 항아리에 있는 물을……."

아프로디테는 믿어지지 않는다는 듯 바닥에 떨어진 하얀 항아리를 내려다보았다. 불신과 경악으로 그녀의 눈은 크게 떠져 있었다.

에로스가 물었다.

"그럼 지금 항아리에 담긴 물은 뭐지?"

레나는 입술을 질끈 깨물고는 손가락으로 까만색 항아리를 가리켰다.

에로스와 프시케

"저쪽에 있는 물을 옮겨 담았죠."

레나의 말에 아프로디테의 얼굴이 창백해졌다.

"내가 마신 게 경멸의 샘물이란 말이야?"

"네."

레나는 고개를 끄덕이고는 두 눈을 질끈 감았다.

'난 진짜 죽었다.'

하지만 레나가 걱정하는 일은 벌어지지 않았다. 그제야 레나는 슬그머니 눈을 떴다. 놀랍게도 분노한 아프로디테를 에로스가 막아서고 있었다. 아프로디테는 빨갛게 물든 눈으로 말했다.

"아들아, 비켜서라. 저 인간 꼬맹이를 당장……."

"잠깐만요, 어머니. 이상하지 않아요?"

에로스가 레나를 가리켰다.

"저 인간을 좀 보세요. 매혹의 샘물을, 그것도 한 모금이 아니라 항아리째 마셨는데도 어느 한 구석도 매력적으로 보이지가 않잖아요."

에로스의 말에 아프로디테도 분노를 거두고 호기심을 나타냈다.

"네 말을 듣고 보니 정말 그렇구나. 매혹의 물을 그 정도 마셨으면 세상에서 가장 아름답게 보여야 하는데 암만 봐도 못난인데?"

"그렇죠?"

"매혹의 샘물 특유의 향기도 안 나고."

"그러니까 신기하다는 거죠."

에로스와 아프로디테는 짐짓 심각한 얼굴로 대화를 주고받았다. 하지만 그 대화의 주인공이 된 레나는 불편하고 불쾌하기 짝이 없었다. 하지만 그렇다고 멋대로 끼어들 수도 없었다. 레나가 할 수 있는 일이라고는 입술을 삐죽이며 뿌루퉁한 표정을 짓는 것뿐이었다.

"자세히 보니 너 진짜 특이하게 생겼다. 옷도 괴상하고 피부색도 이상하고. 머릿결은 좀 봐 줄 만하네."

"너 혹시 제우스가 심심풀이로 만든 새로운 도깨비야?"

에로스와 아프로디테의 말에 레나는 부르르 몸을 떨고는 더 이상 참을 수 없다는 듯 버럭 소리쳤다.

"으악~ 더 이상은 못 참겠다. 이봐요, 그쪽이 여신인 건 알겠어요. 그리고 내가 멋대로 당신의 샘물인가 뭔가를 마신 건 진짜 미안해요. 그렇다고 사람을 무슨 동물원 원숭이 보듯 할 필요는 없잖아요."

아프로디테에게 한바탕 소리를 지른 레나는 이번에는 에로스를 쳐다보았다.

"그리고 당신! 내가 아까부터 참고 있었는데 아까부터 이 인간, 저 인간 하시는데 듣는 인간 진짜 기분 나쁘거든요. 나도 엄마아빠가 지어 준 홍레나라는 예쁜 이름이 있다구요! 홍레나! 그리고 뭐? 도깨비? 이렇게 예쁘게 생긴 도깨비 봤어? 봤냐고?"

레나의 발작에 가까운 고함에 아프로디테와 에로스는 입을 쩍 벌렸다. 에로스가 말했다.

"이 인간이 미쳤나? 네가 지금 어떤 상황인지 알고 이러는 거니?"

"레나라니까……요. 그리고 샘물은 변상하면 될 거 아니에요. 얼마예요?"

레나는 급히 주머니를 뒤졌다. 하지만 주머니에서 나오는 거라고는 동전 몇 개와 머리핀 하나뿐이었다. 에로스가 피식 웃었다.

"여신의 샘물을 고작 동전 몇 개로 변상하려고? 그것도 황금도 아닌 고작 철 조각으로?"

"으윽! 왜 이런 거밖에 없지?"

레나의 얼굴이 벌겋게 달아올랐다.

"둘 다 시끄러워. 인간, 아니 홍레나, 이쪽으로."

아프로디테가 짜증스러운 목소리로 손가락을 까딱거렸다. 레나는 에로스의 눈치를 슬쩍 본 뒤 쪼르르 아프로디테 앞으로 뛰어갔다.

"부르셨어요, 여신님?"

"이제야 여신님이라고 부르네? 너, 이 사태를 어떻게 책임질 거야? 난 얼마 후에 있을 여신 대회에 나가야 한단 말이야."

아프로디테는 바닥에 뒹구는 새하얀 항아리를 발끝으로 톡톡 건드리며 말했다.

"난 미의 여신이야. 온몸으로 매혹을 발산해야 한다고. 특히나 이번 대회에는 건방진 아테나와 얄미운 헤라가 나온단 말이야. 그 둘한테 지느니 콱, 내 혀를 깨물고 말지."

두 여신을 생각만 해도 화가 치미는지 아프로디테의 긴 머리카락이 단숨에 붉은색으로 물들었다. 그녀의 뜨거운 분노를 정면으로 마주해야 하는 레나는 저도 모르게 몇 발짝 물러서며 비틀거렸다.

터억!

그 순간 누군가 등 뒤에서 레나의 어깨를 잡았다. 에로스였다. 졸지에 에로스의 가슴에 안기듯 서게 된 레나는 얼굴을 붉혔다.

두근.

레나는 자신의 심장박동이 갑자기 빨라지는 것을 느꼈다.

'얘가 갑자기 왜 멋있는 척을…… 그리고 옷 좀 입어라.'

"걸리적거리지 말고 좀 비켜 봐, 못난이야."

휘익!

에로스는 갑자기 얼굴을 붉히는 레나를 황당한 듯 내려다보다가 옆으로 휙 밀어 버렸다. 그러고는 그 옆을 지나쳐 아프로디테에게 다가갔다. 레나는 그런 에로스의 뒤통수를 보며 입술을 삐죽였다.

"우씨. 그럼 그렇지. 저 얼굴을 하고 있는데 내가 뭘 바라니? 우혁일 때나 에로스일 때나 어쩜 뒤통수도 얄밉게 생겼을까."

다행히 에로스는 아프로디테와 이야기를 나누느라 레나의 혼잣말을 듣지 못했다. 에로스가 말했다.

"어머니, 저 덜떨어진 인간 하나 죽인다고 문제가 해결되진 않아요."

"그건 나도 알아. 하지만 적어도 내 짜증은 좀 풀리지 않겠니?"

"어머니 심정은 충분히 이해가 가지만 좀 참으세요. 제게 한 가지 방법이 있어요."

"방법이라니?"

"이 근방에 아름답기로 유명한 아가씨가 있다는 소문, 어머니도 들어보신 적 있으시죠?"

아프로디테의 눈이 순간 번뜩였다.

"아랫마을 프시케 말이야?"

"예. 그 프시케요."

아프로디테는 인상을 찡그렸다.

"말도 마라. 그 이름을 들을 때마다 머리가 다 지끈거려. 프시케 때문에 내 신전에 꽃이 아니라 먼지가 쌓일 지경이야. 대체 어떻게 생겨 먹은 애야?"

아프로디테의 말에 에로스는 씨익 웃었다.

"들리는 바로는 어머니보다 더 아름답고 매력적이라던데요."

"윽, 아들 너마저……."

"제가 가서 프시케의 매력을 훔쳐 오겠습니다."

에로스의 말에 아프로디테가 눈을 동그랗게 떴다.

"그게 가능해?"

레나도 아프로디테와 같은 의문이 들었다. 인간의 매력을 훔친다니.

에로스는 피식 웃었다. 그리고 양손을 활짝 펼쳤다. 그러자 눈부신 빛이 그의 손으로 날아들었다. 바로 눈앞에 작은 태양 하나가 또 하나 떠오른 듯해서 레나는 급히 눈을 감았다.

레나가 다시 눈을 뜨자 빛은 어느새 사라지고 없었다. 빛 대신 에로스의 손에 놓인 것은 작은 활과 화살 두 개였다. 완만하게 구부러진 활은 신의 무기라고 하기에 지나칠 정도로 평범했다. 하지만 화살은 무척 특이했다. 하나는 화살 깃부터 뾰족한 촉까지 온통 황금으로 만들었고, 다른 하나는 거무튀튀한 납으로 만들었다. 한 번도 활을 쏴 본 적이 없는 레나가 보기에도 사냥을 위한 화살은 절대 아니었다.

에로스가 납 화살 하나를 들어 보이며 말했다.

"제가 사랑의 신이라는 걸 잊으셨어요? 이 화살로 프시케의 사랑스러움을 모조리 빼앗아 올게요."

"에로스, 넌 천재야."

"말도 안 돼! 그럼 그 프시케라는 아가씨는 어쩌라고요?"

아프로디테의 말이 끝나기도 전에 레나가 외쳤다. 에로스가 말했다.

"애초에 이게 다 누구 때문인데?"

"그, 그거야······."

"그리고 지금 네가 지금 남 걱정할 때야? 이 방법이 아니면 넌 벌써 저승으로 끌려갔을 거야. 여신에게 미움을 받은 인간이 저승에서 어떤 고통을 받는지 알기는 하니?"

에로스의 목소리는 레나를 겁주기 충분할 만큼 낮고 으스스했다. 레나는 자기도 모르게 흠칫 어깨를 떨었다. 그리고 에로스는 그런 레나의 뒷덜미를 덥석 움켜잡았다.

"알아들었으면 잔말 말고 따라 와."

"으악! 난 왜 데려가요?"

에로스에게 질질 끌려가며 레나는 필사적으로 버둥거렸다. 하지만 키도 자기보다 훨씬 크고, 힘은 인간보다 몇 배는 센 신의 손아귀에서 벗어날 수는 없었다.

"시끄러. 넌 이제부터 프시케를 낚을 미끼야. 미끼답게 입 다물고 따라오기나 해."

"내가 뭐라구요? 아니, 안 가겠다는 게 아니라…… 간다구요, 가요. 내 발로 갈 테니까 이거 좀 놓고…… 숨 막힌다구요!"

4장
더 이상 아름답지 않은 프시케

에로스는 가파르고 비탈진 산길을 마치 산책로를 걷듯 편하게 걸었다. 하지만 속도는 엄청나서 태양이 손톱만큼 움직이기도 전에 그는 숲을 지나고 깊은 계곡을 건너 프시케가 사는 마을 근처에 도착했다.

"저기군."

먼 길을 달려왔지만 에로스는 숨소리 하나 흐트러진 기색이 없었다. 하지만 그의 옆구리에 짐짝처럼 매달린 레나는 신이 아니었다.

"에로스님, 저 좀 살려주세요."

레나는 다 죽어가는 목소리로 말했다. 속은 뒤집어질 듯 울렁거렸고, 얼굴은 백짓장처럼 창백했다. 그제야 에로스는 레나를 바닥에 내려주었다.

털썩.

에로스의 손아귀에서 풀려나자마자 레나는 바닥에 무릎을 꿇듯 엎드렸다. 에로스는 피식 웃었다.

"훗! 이런 소소한 능력에 온몸을 던져 감탄할 필요까지는…… 응?"

"우욱……!"

코웃음을 치던 에로스는 낯선 신음소리와 함께 갑자기 발쪽이 따뜻해지자 깜짝 놀라 고개를 숙였다.

"이, 인간, 지금 설마?!"

"정말 미안…… 우욱!"

롤러코스터를 열 번, 아니 백 번 연달아 탄 듯 레나의 머릿속은 뒤죽박죽이었고, 뱃속은 조각배를 타고 파도치는 바다를 건너온 듯 울렁거렸다. 게다가 방금 배가 터지도록 물을 마신 상태였다. 멀미를 하지 않는 게 오히려 이상한 상황이었고, 하필 그곳에 에로스의 발이 있었을 뿐이었다. 에로스는 분노한 자신과 눈이 마주치자 파다닥 멀어져가는 레나와, 축축이 젖은 자신의 발을 번갈아 바라보았다. 믿어지지 않는다는 불신과 충격이 밀려들었다. 처음 느끼는 격렬한 분노가 그의 온몸을 휘감았다.

"홍레나-!"

우레와 같은 에로스의 고함이 온 사방에 메아리쳤다.

"미안해요."

"말 시키지 마. 널 당장 불구덩이 속으로 밀어 넣고 싶은 걸 간신히 참고 있으니까."

에로스의 분노가 간신히 가라앉은 것은 해질녘이 다 되어서였다. 그는 분노를 잠재우기 위해 마을로 향하는 오솔길을 천천히 걸었고, 레나는 그의 뒤를 졸졸 따라 걸었다.

온몸으로 신비스러움을 뽐내는 에로스와 이상한 옷차림의 레나를 본 사람들은 당연히 하던 일을 멈추고 바닥에 납작하게 엎드렸다. 에로스에게는 그게 당연한 일이었지만 레나는 사람들의 반응이 불편하기만 했다. 레나는 결국 에로스를 불렀다.

"저기요."

"쓰읍! 내가 말 시키지 말라고 했지."

"그게 아니라 이대로 마을로 들어가면 안 될 것 같아서요."

그제야 에로스가 걸음을 멈추고 뒤를 돌아보았다.

"왜?"

"우리가 너무 튀잖아요. 내 옷도 그렇지만 에로스님의 그 번쩍거리는 빛은 진짜 안 보려야 안 볼 수가 없다고요."

레나의 말에 에로스는 흠흠, 헛기침을 하며 얼굴을 붉혔다. 인간 세상에 내려올 때는 다른 모습으로 변장을 하거나 동물로 변해 자신이 신임을 감추어야 한다는 규칙이 뒤늦게 떠올랐던 것이다. 그동안에는 인간의 눈에 띄기 전에 변장을 했지만 지금은 워낙 당황스러운 일이 많아 깜빡 잊어버린 것이다. 그리고 그 당황스러운 일을 벌인 사람은 다름 아닌 자기에게 충고를 가장한 잔소리를 늘어놓는 레나였다.

"왜 또 째려봐요? 내가 뭐 틀린 소리 했나."

레나는 에로스의 찌를 듯한 눈초리에 슬쩍 시선을 돌리며 딴청을 피웠다. 에로스는 기가 막힌다는 듯 입을 쩍 벌렸다.

"나 참. 너 같은 인간은 처음 본다."

고개를 휘휘 흔드는 동안 에로스의 머리색은 붉은빛이 섞인 갈색에서 검은색으로 점점 물들어갔다. 깊고 신비롭던 눈동자도 옅은 갈색으로 변했고, 티끌 하나 묻지 않은 순백의 옷도 어느새 적당히 색이 바래고 마모된 천으로 바뀌었다. 눈 몇 번 깜빡거리는 동안 그는 신에서 인간이 된 것이다.

에로스만 바뀐 게 아니었다. 어느새 레나의 옷 역시 달라져 있었다. 무릎에서 한참 위로 올라오던 치마는 어느새 발목까지 길어졌고, 티셔츠 위에 그려졌던 알록달록한 그림은 지우개로 지운 듯 깨끗이 사라졌다.

"엄마야! 옷이……."

레나는 자기의 옷을 내려다보다가 문득 멍한 얼굴로 에로스를 돌아보았다. 에로스가 피식 웃었다.

"뭘 그렇게까지 놀라? 내 진실한 능력에 비하면 이 정도는 아무것도 아니라고."

"아니, 그래서 놀란 게 아니라 그렇게 변하니까 진짜 똑같네요."

"똑같다니? 뭐가?"

"선우혁이라는 왕싸가지랑 닮으셨다고요."

"왕…… 뭐?"

에로스가 눈을 가늘게 떴다. 레나는 손을 휘휘 흔들었다.

"아무것도 아니에요. 그보다 마을은 어디래요? 너무 멀면 걷기 힘든데. 진짜 산길 걷는 건 딱 질색이거든요."

"야, 인간! 왕싸가지…… 그게 뭐야? 좋은 뜻이 아니지?"

"아, 진짜. 아무것도 아니라고요. 마을 여기서 멀어요?"

"어휴, 이걸. 저 고개만 넘으면 돼."

고개를 넘어야 한다는 말에 레나는 눈을 크게 뜨며 혀를 내둘렀다.

"저길 어떻게 넘어요! 아, 저기 마차 온다. 우리 얻어 타고 가요."

레나는 마침 다가오는 마차를 향해 마구 손을 흔들었다. 에로스가 그런 레나를 보며 질겁을 했다.

"너 뭐해?"

"뭐하긴요. 마차를 얻어 타려고 그러죠. 마을은 저 고개 너머에 있다면서요."

에로스는 눈살을 찌푸리고는 자신들을 향해 다가오는 마차를 바라보았다. 늙은 말이 끄는 마차에는 마른 건초가 가득 실려 있었다. 바람이 불자 건초에서는 진한 먼지가 안개처럼 피어올랐다.

에로스는 고개를 옆으로 획획 저었다.

"싫어. 난 절대 안 타."

"안 타면 어찌지고요? 설마 저 고개를 걸어서 넘자는 건 아니겠죠? 오늘 밤새 걸어도 못 넘는다고요."

"그냥 아까처럼 내가……."

이번에는 레나가 고개를 절레절레 흔들었댓.

"싫어요. 절대 싫어. 또 멀미할 거라구요. 난 차라리 밤새 걸어갈래요."

레나의 말에 에로스는 한숨을 푹 내쉬었다. 그리고 발밑을 힐끗 내려다보았다. 깨끗이 씻기는 했지만 조금 전의 찜찜한 기분은 여전했다.

"그래. 타자, 타."

나이 든 농부는 흔쾌히 두 사람을 마차에 태워 주었다. 건초 위는 생각보다 훨씬 불편했다. 뾰족한 건초가 온몸을 마구 찔러댔고, 에로스가 걱정한 대로 먼지는 숨을 쉬기 힘들 정도로 자욱했다. 하지만 정작 문제는 냄새였다. 코를 찌르는 퇴비 냄새에 레나와 에로스는 동시에 코를 틀어쥐었다.

에로스가 툴툴거렸다.

"인간, 너 때문에 이게 무슨 고생이야? 윽, 파리!"

레나는 코맹맹이 목소리로 대답했다.

"말 시키지 마요. 숨 쉬기도 힘들어."

"파리 때문에 죽을 것 같아. 내 능력을 잠깐 발휘하면 이까짓 벌레들은……."

"으악! 절대 하지 마. 절대 안 돼!"

"그런데 너 묘하게 말이 짧다. 죽을래?"

"미안해요. 그 얼굴을 보니까 도저히 존댓말 쓸 마음이 안 들어서 말이죠. 앞으로 조심할게요."

에로스와 레나가 투덕거리는 사이 마차는 고개를 넘어 마침내 마을 앞에 도착했다. 마차에서 내린 레나와 에로스의 온몸에는 삐죽삐죽한 건초가 붙어 있었다.

마을은 제법 규모가 컸다. 마을 중심부에 자리한 분수대에서는 끊임없이 깨끗한 물이 샘솟았고, 조그만 광장 주변에는 맛있는 빵집과 옷가게가 있었다. 솜씨 좋은 구두공의 신발 가게와 특이한 모양의 항아리들을 늘어놓은 가게가 나란히 붙어 있었고 투박한 집들 사이로 난 골목은 깨끗했다. 사람들의 얼굴은 밝았다. 편안하고 아름다운 마을이었다.

"배고프다."

갓 구운 빵 냄새가 코끝을 자극하자 레나는 극심한 허기를 느꼈다. 그리고 힐끗 에로스를 올려다보았다.

"뭐? 왜 쳐다봐?"

에로스는 신이었다. 당연히 배가 고플 리가 없었다. 레나는 에로스의 옷자락을 꽉 붙들고 애원했다.

"에로스, 제발 딱 빵 하나만 사 주면 안 돼요? 아침부터 지금까지 물밖에 못 마셨단 말이에요."

"알지. 네가 마신 그 물 때문에 내가 여기 이러고 있는 건데."

에로스가 나직이 이를 갈았다. 레나는 멋쩍은 웃음을 지었다.

꼬르륵—

그때 레나의 뱃속에서 천둥소리가 났다.

더 이상 아름답지 않은 프시케

"창피해. 좀 떨어져."

에로스는 냉정하게 말하고는 레나가 붙들고 있던 옷자락을 획 잡아뺐다. 그 바람에 레나의 몸이 앞으로 기울었다.

"어어……!"

터억!

레나가 바닥에 볼썽사납게 넘어지기 직전, 어디선가 갑자기 팔 하나가 불쑥 튀어나오더니 레나를 잡아주었다.

"괜찮아요?"

"네? 네에. 고맙습니다."

간신히 다시 몸을 바로 세운 레나는 마치 모르는 사람인 척 돌아서 있는 에로스의 뒤통수를 한 번 째려보고는 자기를 도와준 사람을 돌아보았다. 그리고 동시에 숨을 헉 삼켰다. 한쪽으로 살짝 흘러내린 칠흑 같은 머리카락과 자수정처럼 빛나는 보라색 눈동자, 진주처럼 반짝이는 피부를 가진 소녀는 믿을 수 없을 정도로 아름다웠기 때문이었다. 레나를 돕느라 급히 달려온 바람에 살짝 흘러내린 베일 사이로 드러난 콧대는 베일 듯 날렵했고, 살짝 벌어진 붉은 입술 사이로 보이는 치아는 상아처럼 깨끗했다.

하지만 무엇보다 레나의 시선을 끄는 것은 소녀가 들고 있는 바구니였다. 작은 천이 덮인 바구니 안에는 김이 모락모락 나는 빵이 가득 담겨 있었던 것이다.

"먹을래?"

소녀의 조심스러운 말에 레나는 정신없이 고개를 끄덕였다. 그러자 소녀는 킥킥 웃으며 바구니에서 빵 하나를 꺼내 주었다. 순간 레나는 고마워서 눈물이 터질 뻔했다.

"고마워. 정말 배고팠거든. 아참, 난 레나야. 홍레나."

"난 프시케. 반가워."

그녀의 이름을 듣는 순간, 레나는 깜짝 놀라고 말았다.

"프시케? 네가 그 프시케라고?"

레나의 목소리가 생각보다 컸는지 주변을 지나던 사람들이 모여들기 시작했다.

"어디? 진짜 프시케네."

"프시케라고?"

사람들은 프시케를 발견하자마자 우르르 몰려들었다. 딴 곳을 보고 있던 에로스도 급히 프시케 쪽으로 돌아섰다.

하지만 불행히도 그는 프시케의 얼굴을 볼 수 없었다. 사람들이 몰려들자 프시케가 흘러내렸던 베일을 단단히 고쳐 맸기 때문이었다. 하지만 베일 밖으로 드러난 반듯한 이마와 별처럼 반짝이는 눈빛만으로도 그녀가 얼마나 아름다운지 충분히 짐작할 수 있었다.

사람들이 몰려들자 프시케는 급히 돌아섰다.

"이럴까 봐 베일을 쓰고 왔는데."

"미안해. 나 때문에. 난 그냥…… 으윽!"

레나가 프시케에게 말을 걸려는 순간, 누군가 레나를 떠밀었다. 그

더 이상 아름답지 않은 프시케

바람에 레나가 들고 있던 빵이 바닥으로 떨어졌다. 레나는 금방이라도 울 듯한 얼굴이 되었다.
 프시케가 말했다.
 "괜찮아. 오히려 내가 미안하지. 그럼 안녕."
 프시케는 말갛게 웃으며 손을 흔들었다. 그리고 골목 저쪽으로 달려가 버렸다.

"거지냐? 빵 하나 받았다고 울먹이기까지 하고. 나 참, 창피해서."

프시케가 떠나고 사람들도 우르르 그녀를 따라 몰려가자 에로스가 불쑥 말했다.

"칫, 그러니까 진즉에 빵 좀 사 달라니까."

레나는 손등으로 글썽이는 눈물을 닦고는 그를 째려보았다. 그러고는 문득 외쳤다.

"아, 프시케네 집이 어딘지 안 물어봤네."

"그런 거라면 걱정 마."

에로스는 손가락으로 사람들로 가득한 광장을 가리켰다.

"저 사람들 중 아무나 붙잡고 물어봐. 아마 열 명 중에 여덟 명은 프시케가 어디 사는지 알걸?"

에로스의 말대로 프시케는 마을의 유명 인사였다. 당연히 그들은 프시케의 집도 알고 있었다.

프시케의 집은 마을 중심부에서 조금 떨어진 외곽에 자리 잡고 있었다. 조금 높은 듯한 회벽 울타리에 둘러싸인 평범하고 아담한 집이었다.

이상하게도 대문 앞에는 적지 않은 사람들이 모여 있었다. 에로스가 레나의 등을 쿡 찔렀다.

"인간, 뭘 멍하니 보고 있어? 가서 왜 여기 모여 있냐고 물어봐."

"내, 내가요?"

"그럼 내가 가서 물어볼까? 나 신이거든?"

에로스가 인상을 와락 찡그렸다.

"가요, 간다고요. 하여튼 성질 더러워."

"뭐라고 구시렁거리는 거야?"

"아무것도 아니에요. 에로스님 멋지시다고요."

대문 앞에 도착한 레나는 모여 있는 사람들 대부분이 젊은 청년들임을 깨달았다. 청년들은 마치 당장 파티에 가려는 듯 한껏 멋을 낸 차림이었다. 레나는 그중 한 명에게 슬쩍 말을 걸었다.

"여기 프시케의 집 아니에요?"

"맞아."

"오늘 무슨 날이에요? 왜 여기 모여 있어요?"

레나의 말에 그는 흥분한 듯 눈을 반짝이며 말했다.

"왜라니? 당연히 프시케를 보려고 왔지. 너도 그래서 온 거야?"

"에? 그, 그렇죠."

"쯧쯧, 조금 전에 들어갔다. 조금만 더 일찍 오지. 아아, 아름다운 프시케~"

그의 말에 주변에 있던 다른 청년들도 일제히 탄식을 터뜨렸다.

"프시케는 나의 영혼의 반쪽이야."

"아름다운 프시케, 제발 나의 사랑을 받아줘요."

"오, 나의 프시케~ 영원한 내 사랑~"

청년들의 열기는 거의 광기에 가까울 정도였다. 레나는 고개를 휘휘 저으며 에로스에게 돌아왔다.

"저 사람들 완전 이상해요. 완전 아이돌 연예인 사생팬이에요."

"아이돌? 사생팬? 그게 뭐야?"

"그런 게 있어요. 그나저나 저래서는 집에 못 들어가겠는데요?"

에로스도 고개를 끄덕였다. 그리고는 하늘을 힐끗 올려다보았다. 정오를 훌쩍 지나 해는 서쪽으로 기울고 있었다.

"해가 지면 다시 와 보자."

에로스는 돌아서서 성큼성큼 걷기 시작했다. 레나가 급히 그의 뒤를 따랐다.

"어딜 가요? 같이 가요."

에로스가 한참을 걸어 도착한 곳은 아프로디테의 신전이었다. 미의 여신의 신전답게 신전은 무척 아름다웠다. 투박한 회벽으로 지어진 다른 집들과 달리 홈이 파인 둥근 기둥과 대리석이 깔린 회랑은 우아했고, 실물보다 훨씬 크게 조각된 아프로디테의 입상은 섬세하고 아름다웠다. 하지만 신전은 이상할 정도로 조용했다. 신관도 자리를 떴는지 신전 안에는 레나와 에로스뿐이었다.

에로스는 조용히 신상 앞에 놓인 꽃 한 송이를 집어 들었다. 이미 말라버린 꽃잎은 에로스의 조심스러운 손길에도 바스락 소리를 내며 바닥으로 떨어졌다.

"어머니께 바쳐진 꽃이 이렇게 시들다니."

에로스의 표정은 복잡했다. 불신과 분노, 그리고 슬픔이 뒤섞인 그의 얼굴을 보며 레나는 말을 걸 수가 없었다.

에로스는 한동안 어머니의 조각상 앞에 그 역시 조각이 된 듯 고요하게 서 있었다. 레나는 멍하니 그의 옆얼굴을 바라보았다. 아무리 봐도 우혁과 똑같은 얼굴이었다. 하지만 분위기는 전혀 달랐다. 사려 깊은 눈빛과 비밀을 간직한 듯 꽉 다문 입술, 그리고 언뜻 풍겨 나오는 신비스러움은 평범한 시골소년 우혁과 비교 자체가 되지 않았다.

어느새 해가 졌는지 신전 안에 어둠이 밀려들었다.

"에로스, 이제 가요."

레나의 말에 에로스는 그제야 다시 지상으로 내려온 듯 고개를 돌려 레나를 쳐다보았다.

"잠깐만 기다려."

그는 그대로 신상 앞에 꿇어앉았다. 그리고 시든 꽃 위로 손을 뻗었다. 그의 손바닥에서 가느다란 황금색 빛이 줄기줄기 흘러나왔다. 빛은 시든 꽃잎 위에 이슬처럼 맺히는 듯하더니 그대로 스며들듯이 사라졌다. 그러자 놀라운 일이 벌어졌다. 조금 전만 해도 갈색으로 말랐던 꽃잎이 다시 생생히 살아난 것이다. 갓 꺾어온 듯 꽃잎은 부드러웠고, 진한 향기가 신전 안에 퍼졌다. 누군가 보았다면 기절을 하고도 남을 풍경이었지만 다행히 그 광경을 본 사람은 레나뿐이었다.

더 이상 아름답지 않은 프시케

신전을 나선 에로스와 레나가 향한 곳은 당연히 프시케의 집이었다. 다행히 낮에 대문 앞에 모여 있던 사람들은 보이지 않았다.

"이제 어쩌죠?"

"어쩌긴 뭘 어째? 어떻게든 안으로 들어가야지."

에로스는 레나를 질질 끌고 담장을 따라 프시케의 집을 한 바퀴 돌았다. 두 사람이 멈춰선 곳은 뒤뜰로 통하는 작은 문 앞이었다. 그곳은 다른 곳보다 담장이 낮은 곳이었다.

에로스가 말했다.

"넘어."

"에? 나더러 담을 넘으라고요?"

"당연하지. 그럼 내가 넘으리?"

"나처럼 다 큰 숙녀가 담을 넘는 건 말이 돼요? 절대 못 넘어요. 내가 이래 봬도 동방예의지국에서 왔어요. 도덕 교육 착실히 받았다고요. 전능하신 신께서 휙 날아서 넘으시죠."

레나는 완강하게 고개를 가로저었다. 에로스는 그런 레나를 지그시 쏘아보았다. 밤보다 더 짙은 그의 눈동자가 서늘히 빛났다. 마치 뱀 앞에 선 병아리가 된 듯 레나의 심장이 쿵쾅거렸다. 하지만 그렇다고 도둑처럼 남의 집 담장을 넘을 수는 없었다.

레나가 완강히 버티자 에로스는 할 수 없다는 듯 한숨을 길게 내쉬었다.

"난 못 하니까 너에게 하라는 거야."

"그게 무슨 말이에요?"

"우리는 인간에게 초대받지 않으면 인간들의 집 안에 들어갈 수가 없단 말이야. 에잇, 그러니까 네가 들어가서 문 좀 열어 달라고."

말을 마치며 에로스는 무안한 듯 고개를 다른 쪽으로 돌렸다. 항상 고고하고 당당하던 에로스가 얼굴까지 붉히자 레나는 피식 웃고 말았다.

"그럼 그렇다고 진즉에 말을 하지 그랬어요. 그런데 난 여기 살지도 않는데 내가 문을 열어 준다고 초대한 게 되나?"

"일단 문이 열리고 네가 날 막아서지 않는다면 초대 비슷한 게 돼. 그나저나 정말 말 한 마디를 안 지고 따박따박 잘도 따진다. 내가 신이라는 거 기억은 하니? 아니, 그 전에 이 모든 게 너 때문에 벌어졌다는 사실을 잊진 않았지?"

"칫, 알고 있다고요. 넘으면 되잖아요, 넘으면."

돌아서려던 레나가 문득 다시 에로스를 돌아보았다.

"그 전에 한 가지 조건이 있어요."

"조오건? 감히 신과 거래를 할……."

"존댓말 안 하면 안 돼요? 그쪽 얼굴이 자꾸 어떤 녀석을 떠올리게 해서 존댓말을 할 때마다 기분 나빠지려고 한단 말이에요. 얼굴을 보아하니 나랑 나이 차이도 많이 안 나는 것 같은데 그냥 편하게 말 놓으면 안 되……나?"

에로스는 자기 귀를 의심했다. 하지만 생글생글 웃으며 대답을 기

더 이상 아름답지 않은 프시케

다리는 레나의 얼굴을 보며 에로스는 그 말이 진심임을 깨달았다.

에로스가 한숨 섞인 탄식을 터뜨렸다.

"하아, 내가 들어본 말 중 가장 건방지고 황당한 말이었다. 너무 황당하면 화도 안 난다는 사실을 알려줘서 고맙다."

따악!

에로스의 말이 끝나기도 전에 레나는 이마를 움켜쥐고 그 자리에 주저앉았다.

"아윽! 너무 아파. 싫으면 싫다고 하지 왜 사람을 때리고 그래요?"

에로스는 대답하기도 귀찮다는 듯 손가락을 까딱거렸다.

"잔소리 말고 어서 담이나 넘어."

에로스가 지그시 째려보자 레나는 할 수 없이 벌떡 일어나 담장에 찰싹 달라붙었다. 하지만 아무리 버둥거려 봐도 담장은 레나가 가볍게 넘을 수 있는 높이가 아니었다. 할 수 없이 레나는 에로스에게 도움을 청했다.

"거기 그렇게 보고만 있지 말고 등 좀 내밀어 봐요."

"뭘 어쩌라고?"

"밟고 올라가게 허리 좀 숙여 보라고요. 도저히 나 혼자서는 못 넘어가겠어요."

레나의 말에 에로스는 입을 쩍 벌렸다.

"감히 신을 밟겠다는 거냐?"

말은 그렇게 했지만 에로스는 터덜터덜 레나 쪽으로 다가갔다. 다른 사람들에게 들켜서는 안 되기 때문이었다. 그렇다고 신의 능력을 쓸 수도 없었다. 이 밤중에 금빛이 번쩍 빛나면 동네 사람들이 죄다 뛰어나올 게 뻔했다.

'어머니를 위해서 딱 한 번만 참자.'

레나는 에로스의 등을 박차고 간신히 담장 위로 올라갔다. 다행히 안쪽에는 줄기가 어지럽게 얽힌 등나무가 서 있었다. 레나는 등나무 줄기를 잡으며 바닥으로 내려섰다. 그리고는 곧장 잠긴 뒷문의 빗장을 풀었다.

"어서 들어와요."

에로스와 레나는 발소리를 죽여 집 안으로 들어갔다. 모두가 잠들었는지 안은 죽은 듯 조용했다.

정갈하고 소박한 집이었다. 벽에는 직접 짠 듯한 직물화가 걸려 있고, 커다란 꽃병에는 줄기가 긴 꽃이 꽂혀 있었다. 직접 만든 듯 튼튼해 보이는 테이블 위에는 손때가 묻은 놋주전자와 빵이 가득 담긴 바구니가 놓여 있었다. 낮에 프시케가 가지고 있던 바로 그 바구니였다.

프시케는 2층 가장 마지막 방에 잠들어 있었다. 커다란 창문이 있는 방에는 시리도록 푸른 달빛이 비춰들고 있었다. 덕분에 불을 켜지 않고도 레나는 침대에 누운 사람이 프시케임을 알아볼 수 있었다.

"우와, 낮에 봤던 깃보다 더 예쁘네."

"과연 어머니 신전의 꽃들이 시들 만하군."

비로소 프시케의 아름다움을 눈으로 확인한 에로스는 나직이 중얼거렸다. 그리고 천천히 프시케가 잠든 침대 쪽으로 다가갔다. 달빛 속에 잠이 든 프시케는 여신보다 아름다웠다. 에로스는 무엇에 이끌리듯 천천히 프시케의 얼굴을 향해 손을 뻗었다.

찰싹!

레나에게 손등을 얻어맞은 에로스가 인상을 찡그렸다.

"아야! 이게 등을 밟더니 이제 때리기까지. 너 정말 미쳤어?"

"당연히 제정신이에요. 에로스, 정신 좀 차려요. 잠든 애한테 뭔 짓을 하려고? 무슨 신이 이렇게 저질이야?"

레나의 말에 에로스는 충격 받은 듯 비틀거렸다.

"저질? 너 신성모독이라는 말 들어본 적 있어?"

"신성모독은 무슨…… 당신 얼굴이나 좀 보고 그런 말을 하시죠."

레나의 말에 에로스는 깜짝 놀라 유리창을 돌아보았다. 새까만 어둠을 등진 창문은 투명한 거울처럼 에로스의 얼굴을 비춰주었다. 에로스는 인상을 썼다.

"어, 어디가 이상하다는 거야?"

"얼굴이 빨개졌잖아요. 완전 대추가 다 됐는데 뭐."

"그, 그거야 너 때문에 화가 나서 그런 거지. 에잇, 비켜."

에로스는 버럭 소리를 지르려다가 간신히 목소리를 누그렸다. 그리고 레나를 옆으로 휙 밀쳐냈다.

"야아! 숙녀를 던지는 사람이 어딨어요?"

"일단 넌 숙녀가 아니야. 그리고 난 사람이 아니야. 몇 번을 말하니? 난 신이라니까."

에로스는 찌릿 레나를 노려보고는 옷 속에 숨겨 두었던 납 화살을 꺼냈다.

장난감같이 생긴 그 화살을 에로스는 폭탄이라도 되는 듯 조심스럽게 집어 들었다. 그리고 뾰족한 화살촉으로 프시케의 촉촉한 입술을 조심스럽게 따라 그렸다. 그러자 놀랍게도 거무튀튀하던 화살촉이 점차 붉게 물들기 시작했다. 처음에는 옅은 분홍빛으로 변하더니 시간이 흐를수록 마치 핏빛처럼 진한 선홍빛이 되었다. 색만 진해진 것이 아니었다. 코끝을 감돌듯 은은하던 꽃향기가 온 방안에 가득 찼다. 나중에는 머리가 어지러울 정도로 진해진 향기에 현기증이 날 정도였다.

더욱 놀라운 사실은 화살촉이 붉게 물들수록 프시케의 입술색이 점점 창백하게 변한다는 것이었다. 색만 변하는 것이 아니라 촉촉하던 윤기도 사라져 프시케의 입술은 병자의 그것처럼 변했다. 놀란 레나가 물었다.

"그게 뭐예요?"

"이게 바로 프시케의 매력이야. 과연 소문대로 엄청나군."

에로스는 화살촉이 장미꽃잎처럼 짙어지자 비로소 프시케의 입술에서 화살을 떼었다.

"이 정도면 네가 마셔 버린 매혹의 샘물을 잠깐 동안 대신할 정도는

더 이상 아름답지 않은 프시케

되는 것 같군."

에로스가 화살을 떼자 프시케는 작게 숨을 내쉬며 돌아누웠다. 돌아누운 프시케는 낮에 보았던 때와 똑같이 예뻤다. 반듯한 이마와 높은 콧날, 그린 듯한 눈썹까지. 하지만 핏기 없는 얼굴빛과 흐려진 입술 때문인지 그녀는 더 이상 숨 막히도록 아름답지 않았다. 얼핏 평범해 보이기까지 했다. 레나가 말했다.

"이상하네. 예쁜 건 여전한데 어째 분위기가……."

"당연하지. 매력을 잃어버린 사람은 더 이상 사랑을 받지 못해."

붉어진 화살을 통에 담으며 에로스가 말했다. 그리고는 커다란 창문을 활짝 열었다. 차갑고 싱그러운 밤바람이 방 안 가득 들어왔다. 레나는 에로스가 창턱에 걸터앉자 깜짝 놀라 물었다.

"뭐하려는 거예요? 여긴 2층이라고요. 위험해요."

에로스는 피식 웃었다.

"당연히 날아가려는 거지. 이제 내가 얻고 싶은 걸 얻었으니 더 이상 인간인 척할 필요가 없잖아."

그렇게 말하는 에로스의 머리색은 어느덧 갈색으로 반짝이고 있었다. 이미 그의 한쪽 발은 창밖으로 내밀어진 채였다.

레나는 급히 물었다.

"그럼 이제 프시케는 어떻게 되는 거죠?"

"프시케? 그야 비참해지겠지. 이제 그녀를 대하는 사람들의 태도는 정반대가 될 거다. 마음 깊은 곳에서부터 그녀를 거부하고 경계하고,

나중에는 미워할 테니까. 아무에게도 사랑받지 못하고 홀로 쓸쓸히 늙겠지?"

"그런 게 어딨어? 조금이라도 나눠 주고 가요. 프시케가 무슨 죄를 지었다고요?"

에로스의 말에 레나는 발끈하며 그의 옷자락을 와락 움켜쥐었다.

"야, 이거 안 놔?"

"못 놔요. 매력인지 뭔지 그거 조금 남겨 주고 가라고요. 이대로 두면 프시케가 불쌍하잖아."

"이 인간이 정말! 이거 못 놔?"

에로스는 놀라고 화가 나 힘껏 옷자락을 털어냈다. 하지만 이번에는 레나도 필사적이었다. 자신 때문에 아무 상관도 없는 프시케가 불행해지는 것을 보고 있을 수만은 없었다.

"이대로 가면 어떻게 하라고…… 못 가!"

찌이익!

레나가 있는 힘껏 옷을 당기자 에로스의 옷이 찢어지고 말았다. 그 바람에 창턱에 기대앉은 에로스의 몸이 방 안쪽으로 기우뚱 기울어졌고, 동시에 레나 역시 요란한 소리를 내며 반대쪽으로 나뒹굴었다.

쿠당!

"아야!"

밖으로 날아오르려던 에로스는 급히 방으로 뛰어들었다. 하지만 그의 이런 행동은 레나를 위한 것이 아니었다. 몸이 기울어지면서 화살

더 이상 아름답지 않은 프시케

통이 거꾸로 쏟아졌던 것이다. 이제는 촉이 붉게 변한 납 화살과 누런빛이 선명한 황금 화살이 바닥에 떨어졌다.

"이 인간이 정말……."

에로스가 굳은 얼굴로 급히 납 화살을 집어 들었다. 그리고 황금 화살을 향해 손을 뻗었다. 동시에 레나 역시 에로스를 향해 달려왔다.

"안 돼!"

레나가 황금 화살을 향해 몸을 날리는 순간, 에로스가 작은 비명을 질렀다.

"아야!"

에로스는 믿을 수 없다는 듯 눈을 크게 뜨고 자신의 손을 내려다보았다. 하얀 손등에는 보이지 않을 정도로 작고 붉은 점 하나가 찍혀 있었다. 그것은 자신의 화살에 찔린 상처였다.

"너…… 너어!"

그는 분노하며 레나를 돌아보았다. 낮은 뇌성과 같은 그의 목소리에 레나는 애써 집어 들었던 황금 화살을 툭, 바닥에 떨어뜨렸다.

"미안해요. 일부러 그런게 아니에요."

하지만 에로스의 귀에 레나의 목소리는 들리지 않았다. 그의 시선을 온통 차지한 것은 울 듯한 얼굴로 입술을 질끈 깨문 레나와, 그 뒤로 보이는 이제 막 잠에서 깨어 반쯤 몸을 일으키는 프시케였다. 둘의 얼굴을 본 순간 에로스의 심장이 마치 전장의 북소리처럼 요란하게 뛰었다. 그는 난감한 얼굴로 두 소녀의 얼굴을 바라보다가 자신의 손등을 내려다보았다. 누군가 머리 위로 번개를 내려친 듯한 충격이 그를 뒤흔들었다.

'맙소사!'

장난감처럼 생긴 작고 뭉툭한 화살은 사실 올림포스의 신들이 가진 무기 중 가장 강력한 것이었다. 그것은 다름 아닌 사랑이었으니까. 에로스의 황금 화살에 찔린 사람은 그 대상을 가리지 않고 무조건 처음 보는 상대와 사랑에 빠지게 되어 있었다. 그리고 바로 지금 그 자신이 그토록 강력한 사랑의 화살에 찔린 것이다. 그것도 순전히 우연히, 더구나 하찮은 인간의 실수에 의해.

에로스를 더 미치게 만드는 것은 화살에 찔린 직후 그가 처음 본 것이 레나라는 인간인지, 아니면 매력을 잃어버린 프시케인지 알 수가 없다는 사실이었다. 사실 그는 두 소녀를 동시에 보았고, 누구를 사랑해야 하는지 알 수 없게 된 것이다.

"으아악! 홍레나-! 이 사고뭉어리!"

에로스는 천둥처럼 고함을 쳤다. 그러고는 황금 화살을 집어 들고 그대로 창밖으로 몸을 날렸다.

"에로스!"

레나는 깜짝 놀라 창으로 달려가 아래쪽을 내려다보았다. 하지만 바닥에는 에로스가 떨어진 어떤 흔적도 없었다.

"아차, 에로스는 신이었지. 바닥에 떨어질 리가 없어."

레나는 급히 고개를 들어 위를 쳐다보았다. 그러자 어둠 사이로 날

아가는 에로스가 보였다. 어두운 밤하늘을 가르며 날아가는 그는 벌써 작은 새처럼 보일 정도로 멀어져 있었다.

"야! 그냥 가면 어떻게 해? 얼른 돌아와!"

대답은 등 뒤에서 들려왔다.

"넌 낮에 봤던 레나 맞지? 여기서 뭐하는 거야?"

레나는 화들짝 놀라 뒤돌아섰다. 그러자 침대 위에 오도카니 앉은 프시케와 눈이 마주쳤다. 놀란 듯 눈을 동그랗게 뜬 프시케를 보는 레나의 이마에서 식은땀 한 방울이 또르르 흘러내렸다.

"아, 안녕. 상황이 좀 어색하기는 한데 나 도둑 아니야. 솔직히 너희 집에 뭐 탐나는 물건이 있을 것 같지도 않고. 아니, 내 말은 그게 아

니라……."

"프시케, 너 괜찮니?"

"프시케! 어떤 간 큰 녀석이 감히 내 딸 방에 기어들어 온 거야?"

그 순간, 프시케의 방문이 벌컥 열리며 프시케의 가족들이 일제히 뛰어들었다. 방망이를 든 아버지와 프라이팬을 든 어머니, 그리고 각각 큼직한 항아리를 든 두 언니 셀리와 로리를 보며 레나는 다급히 외쳤다.

"저 도둑 아니에요!"

"도둑이 아니면 뭔데?"

"그러니까 내가 누구냐면……."

필사적으로 머리를 굴리는 레나에게 프시케는 눈을 깜빡이며 물었다.

"너 혹시 신이야?"

"뭐? 내가 신이냐고? 내 어딜 봐서?"

"그 옷."

"내 옷이 뭐가 어때서…… 헉!"

레나는 옷을 내려다보다가 화들짝 놀랐다. 에로스와 멀어지자 옷이 어느새 원래대로 돌아와 있었다. 레나는 이를 빠득 갈았다.

"에로스 이 치사한 인간이 진짜! 아, 걔는 인간이 아니지."

레나는 한숨을 푹 내쉬고는 말했다.

"옷차림이 좀 이상하지만 난 신이 아니야. 하지만 여기까지 내려다 준 건 신이 맞아. 어떤 신인지는 밝힐 수 없어. 그러니까 묻지 말고.

아저씨, 그 몽둥이는 좀 내려놓으시죠? 아주머니도 그 프라이팬은 주방에 다시 가져다 놓으시는 게 어떨까 하는데요."

레나의 말에 프시케와 그녀의 가족들은 깜짝 놀라 눈을 동그랗게 떴다.

"신이 널 데려왔다고?"

"그렇죠. 프시케는 신에게 선택받았거든요. 물론 그게 좋은 쪽은 아니지만……."

레나는 매력을 빼앗겨 버린 프시케를 보며 말끝을 흐렸다. 그 말에 프시케는 깜짝 놀랐다.

"신에게 선택받았다니 그게 무슨 뜻이야?"

가족들은 그제야 깜짝 놀라 프시케를 돌아보았다. 그러고는 입을 떡 벌린 채 당황했다.

"프시케, 너 얼굴이……."

"뭔가 달라졌어."

셀리와 로리가 동시에 말했다. 프시케조차 거울을 보며 놀랐다.

"내가 어떻게 된 거야?"

레나는 머뭇거리다가 솔직히 말했다.

"그게 어떻게 된 거냐면…… 아프로디테 여신이 너의 매력을 가져갔어."

"매력?"

"그래. 더 이상 다른 사람들이 널 사랑하지 않을 거래."

레나의 말에 가족들은 놀란 눈을 비비고 프시케를 바라보았다. 프시케는 정말로 아름다웠지만 그것뿐이었다. 마치 잘 빚어 놓은 나무 인형처럼. 어제까지 모든 사람들의 눈길을 사로잡던 사랑스러움은 온 데 간 데 사라지고 없었다.

"이럴 수가. 내 딸이……."

털썩!

프시케의 부모는 충격을 받은 듯 그 자리에 주저앉았다. 그리고 레나를 휙 돌아보았다. 모든 것이 그녀의 탓이라는 듯 사나운 시선으로.

"아프로디테님이 왜 우리 딸을 미워하시는 거니? 넌 알지?"

레나는 잠깐 머뭇거렸다. 이 모든 일이 자기가 아프로디테의 샘물을 벌컥벌컥 마셔 버렸기 때문에 벌어졌다는 것을 너무나도 잘 알기 때문이었다.

"그게 사실은……."

레나가 사실을 털어놓기도 전에 프시케가 말했다. 뜻밖에도 프시케는 무척 침착했다.

"어머니, 아버지, 그리고 언니들. 레나를 너무 몰아세우지 마세요. 레나는 그저 신의 뜻을 전하러 온 사자일 뿐이니까요. 그리고 전 언젠가 이런 날이 올 줄 예상하고 있었어요."

"응? 그건 또 무슨 말이야?"

프시케는 대답 대신 레나에게 물었다.

"혹시 우리 마을에 있는 아프로디테님의 신전에 가 봤니?"

레나는 고개를 끄덕였다.

"응. 아름답고 웅장하긴 하지만 아무도 없더라. 먼지도 많이 쌓이고 꽃은 시들었던데?"

레나는 시든 꽃을 보던 에로스의 얼굴을 떠올렸다.

"그곳이 그렇게 된 건 사람들이 아프로디테님의 이름 대신 내 이름을 부르고 아프로디테님의 신전에 가는 대신 우리 집 앞에 모여들면서부터야. 여신은 아마 오래 전부터 나를 미워하신 게 틀림없어."

"그건 아니야. 널 그렇게까지 미워하시진 않거든? 그분께서 아주 잠깐 동안 네 매력을 빌려 가신 거야. 틀림없이 다시 돌려주실 거라고."

레나는 가슴이 뜨끔해져서 말했다. 프시케는 반색을 하며 되물었다.

"정말? 아니, 그보다 너 여신을 뵌 적이 있어?"

"당연하지. 친한 건 아니지만."

꼬르륵-

바로 그 순간 레나의 뱃속에서 요란한 소리가 흘러나왔다. 레나의 얼굴이 새빨갛게 변했다.

"윽! 하필 이런 때에. 에로스 이 녀석, 그러니까 밥 좀 먹자니까. 자기만 폼나게 빠져나가고…… 미워 죽겠어."

5장
괴물을 찾아 떠나는 프시케

꼬르르륵!

"으윽, 왜 하필 지금……."

민망한 레나와는 달리 프시케의 가족들은 난리법석을 떨었다.

"너 배가 고프구나. 당장 먹을 걸 준비할게. 아니 일단 염소젖부터 짜 올까?"

"이쪽으로 편히 앉아라. 발부터 씻을래?"

"그것보다 옷을 빌릴 수 있을까요? 내 옷이 워낙에 튀어서 말이죠."

레나의 말이 끝나기도 전에 프시케의 두 언니가 앞다퉈 말했다.

"내 옷 입을래?"

"아냐. 내가 줄게. 며칠 전에 새 옷을 샀거든. 진짜 잘 어울릴 거야."

"애들이 진짜. 어떻게 너희가 입던 옷을 주니? 여보, 당장 나가서 옷 한 벌 사 가지고 와요."

갑자기 덤벼들 듯이 서로 뭔가 더 해 주려는 모습에 레나는 펄쩍 뒤로 물러났다. 동시에 프시케가 불행해졌는데도 신과 관련된 자신을 환영하는 프시케의 가족들을 보며 이곳이 신화 속 세계임을 다시 한 번 뼈저리게 실감했다.

"스토옵! 다들 거기까지."

레나는 결국 프시케의 옷 중 가장 눈에 띄지 않는 것을 빌려 입었다. 그리고 프시케와 가족들에게는 자신이 신과 연관된 사람이라는 사실을 숨겨 달라고 신신당부를 했다.

"알았죠? 전 멀리서 온 사촌의 사촌인 거예요. 그리고 프시케가 매력을 잃었다는 건 절대 비밀이에요. 프시케가 지금까지처럼 얼굴을 가리고 다니면 아무도 알아볼 수 없을 거예요."

프시케와 가족들은 레나의 강력한 요구에 고개를 끄덕거렸다.

다음 날 일찍 프시케와 레나는 외출을 했다. 프시케는 평소보다 더 두꺼운 천으로 온몸을 칭칭 휘감았다.

다행히도 집 앞에는 아무도 없었다. 거리를 지날 때도 아무도 프시케를 알아보지 못했다. 프시케와 레나는 가슴을 쓸어내리며 광장으로 들어섰다. 광장은 이상하게도 사람들로 가득했다. 그리고 그들은 심각한 얼굴로 뭔가를 수군거리고 있었다. 레나와 프시케는 슬쩍 사람들 가까이로 다가갔다.

놀랍게도 사람들은 프시케에 대해 이야기하고 있었다.

"너 그 소문 못 들었어? 아프로디테 여신이 프시케를 미워해서 매력이란 매력을 죄다 빼앗아 갔대."

"설마 여신께서 그러셨을 리가……."

"진짜야. 아프로디테 신전의 신관께서 직접 말했다니까."

프시케가 변했다는 소문은 이미 온 마을에 퍼져 있었다. 레나는 깜짝 놀랐다.

"아니 이게 어떻게 된 거지? 이 사실은 너희 가족밖에 모르는데."

"아프로디테님의 신전으로 가 보자."

아프로디테의 신전 앞에는 광장에 모여 있던 사람보다 몇 배는 많은 사람들이 모여 있었다. 작은 키에 배가 나온 어떤 남자가 단상에 올라가 열심히 소리를 질렀다.

"어젯 밤 아프로디테님의 신탁을 받았습니다! 마침내 아프로디테 여신께서 저 오만한 프시케를 벌하셨답니다. 여신께서는 손수 이 마을에 오셔서 프시케의 아름다움을 거두어 가셨습니다. 이게 뭘 뜻하겠습니까? 여신의 분노가 두려운 사람들은 프시케를 멀리해야 합니다. 아니, 아예 우리 마을에서 쫓아내야 합니다! 그리고 여신을 더욱 찬양하십시오!"

피를 토하듯 소리를 치는 그는 다름 아닌 아프로디테 신전의 신관이었다. 레나는 그의 원색적이고 자극적인 비난에 눈살을 찌푸렸다.

"아프로디테는 신관을 대체 무슨 기준으로 뽑는 거야? 저 사람 징

말 미의 여신의 신관 맞아?"

사람들의 반응은 반반이었다. 막연한 두려움을 느끼거나 코웃음을 치거나. 신관의 말을 불신하는 사람들 사이에서 아우성이 터져 나왔다.

"증거를 대 봐요, 증거를!"

신관은 자신만만하게 꽃을 내밀었다.

"이게 바로 증거요. 이건 어제까지만 해도 말라비틀어진 꽃이었소. 다들 잘 알겠지. 이제껏 이 신전에 꽃을 바친 자가 없었으니까. 하지만 어젯밤 여신께서 다녀가신 뒤 이렇게 생생히 피었단 이 말씀이오. 대체 여신께 마지막으로 꽃을 바친 날을 기억하는 사람이 있기나 하시오?"

그가 내민 꽃은 어젯밤 에로스가 되살린 바로 그 꽃이었다. 여전히 그의 힘이 남아 있는 꽃은 지독할 정도로 짙은 향기를 뿜어내고 있었다. 사람들의 웅성거림이 커졌다.

그때 신관이 옆에 선 누군가의 말에 귀를 기울였다. 레나는 그 사람이 누구인지 알아보려고 눈에 힘을 잔뜩 주었다. 하지만 머리끝까지 두건을 눌러쓰고 있어 도무지 얼굴이 보이지 않았다.

문득 신관이 놀란 듯 눈을 동그랗게 떴다. 그리고 정확하게 프시케가 서 있는 쪽을 가리켰다.

"그래도 내 말을 믿지 못하겠으면 직접 눈으로 확인해 보시오! 저기 프시케가 왔소!"

신관의 말에 사람들은 깜짝 놀라 프시케를 돌아보았다. 도망갈 수도 없게 된 프시케는 천천히 고개를 끄덕일 수밖에 없었다. 이곳은 신전이었고, 거짓말은 불가능했다.

"신관님의 말씀이 맞아요."

프시케는 얼굴을 가리고 있던 천을 천천히 풀어냈다. 사람들의 반응은 어젯밤 가족들이 처음 보인 것과 비슷했다. 사람들은 여전히 아름다운 프시케의 얼굴과 어딘지 모르게 달라진 분위기에 고개를 갸웃거렸다.

"정말 어째 분위기가 좀 이상하네."

신관은 의기양양하게 외쳤다.

"보시오! 내 말이 맞잖아. 그러니 이제부터 그동안 신전을 버려둔 것을 용서받으려면 신전에 꽃을 바치시오. 황금도 아낌없이!"

레나는 신관을 힐끗 노려보았다.

"결국 저 아저씨의 목적은 돈이군."

"그만 가자."

자리를 뜨는 프시케를 사람들은 호기심과 경계심이 뒤섞인 눈빛으로 힐끗거렸다. 그리고 프시케가 가까이 다가오면 화들짝 놀라 한 발 물러서기도 했다.

시간이 지날수록 사람들의 경계심은 차차 적대감으로 바뀌었다. 사람들은 프시케를 보기만 하면 대놓고 수군거리며 가끔은 눈살을 찌푸렸다.

"또 왔네. 여신의 분노를 샀다면서 어쩜 저렇게 뻔뻔할까? 이젠 아예 얼굴을 가리지도 않잖아."

"그런데 쟤는 무슨 배짱이길래 프시케랑 나란히 다니는 거야?"

사람들의 수군거림은 길을 걷는 레나의 귀에까지 들려왔다.

"무슨 뒷담화를 저렇게 열심히 해? 치사하게시리. 할 말이 있으면 앞에서 하든가."

"난 괜찮아. 이젠 길을 걸을 때도 얼굴을 가리지 않아서 오히려 좋아. 옛날에는 외출하려면 머리부터 발끝까지 칭칭 감고 다녀야 했거든. 다른 사람은 진짜 그 괴로움 모를걸?"

"난 알 것 같은데. 나 살던 곳에는 너 같은 사람 엄청 많거든. 연예인이라고 하는데 항상 팬들이나 기자들에게 둘러싸여서 사는 사람들이야."

거리는 봄을 맞을 준비로 한창이었다. 집집마다 거리 쪽으로 난 창에는 진분홍 페츄니아 꽃이 활짝 피었고, 울타리는 깨끗하게 단장되었다. 키가 낮은 담장을 타고 넘는 장미 넝쿨에는 소박하고 붉은 장미들이 피었고, 하늘은 바다처럼 파랬다.

"그나저나 이 동네 진짜 꽃 많네. 이 동네 특산품이야?"

프시케가 어이가 없는 듯 웃음을 터뜨렸다.

"이제 곧 봄축제가 시작되잖아."

"봄축제?"

프시케의 말에 따르면 봄축제는 풍요로운 결실을 기원하기 위해 대지의 여신이나 계절의 신, 혹은 바람의 신 등 여러 신들에게 자비를 구하는 의미 있는 행사로, 가을 수확의 축제보다 더 큰 규모로 열리곤 했다. 또한 봄축제가 중요한 이유는 성년이 된 청년들이 평소 좋아하던 이성에게 공개적으로 청혼을 하는 날이기도 하기 때문이다. 신들의 보살핌 때문인지는 몰라도 이날 청혼을 받아 결혼하는 커플은 평생 동안 금실이 좋았다. 이런 이유로 마을의 모든 청년들과 처녀들에게 봄축제는 그냥 단순한 축제가 아닌, 자신과 평생을 함께할 반려자를 찾는 중요한 날이기도 했다.

며칠이 지나자 마침내 축제가 시작되었다. 거리는 새 옷으로 단장한 처녀들로 북적였다. 어제까지 청년들의 관심은 오직 프시케였다. 당연히 다른 처녀들은 청년들의 눈길 한번 제대로 받을 기회가 없었다. 하지만 프시케가 매력을 잃었다는 소식과 함께, 더 이상 청년들이 그녀를 흠모하지 않는다는 사실이 알려지자마자 자신을 뽐내려는 것이었다. 청년들 역시 프시케에게서 시선을 돌려 각자 호감을 가진 아가씨들에게 꽃이나 선물을 건넸다.

"으으. 정말 닭살 돋아서 못 봐주겠네."

레나는 부르르 어깨를 떨다가 문득 눈을 크게 떴다. 광장 건너편에서 누군가에게 꽃을 선물받는 셀리와 로리를 발견했기 때문이있다. 그녀들 앞에 서 있는 청년들은 각각 보통 키에 금발머리를 가진 요리

사와 키가 크고 마른 보석 상인이었다. 붉은 꽃다발을 한 아름 안아 든 셀리와 로리의 얼굴에는 행복한 미소가 가득했다.

"언니들이네. 잘됐다."

프시케는 자기가 청혼을 받은 듯 미소를 지었다. 하지만 그녀의 웃음은 어딘가 씁쓸하게 보였다.

"돌아다니다 보면 누군가 널 아직도 좋아하는 사람이 있을 거야."

"여신의 분노를 감당할 만큼 용기 있는 사람은 없을 거야. 그리고 난 혼자여도 괜찮아. 사실 그동안 사람들에게 너무 시달렸거든."

프시케는 고개를 흔들었다. 하지만 애써 미소를 짓는 입매와는 달리 그녀의 어깨는 아래로 축 처졌다.

프시케와 레나가 셀리와 로리를 보는 순간, 그녀들도 프시케와 레나 쪽으로 시선을 돌렸다. 네 사람의 시선이 허공에서 잠깐 뒤엉켰다.

"언니, 축하해."

프시케는 셀리와 로리를 방해하지 않으려는 듯 작게 속삭이며 손을 흔들었다. 셀리와 로리는 잠깐 당황하는 듯하더니 이내 환하게 웃었다. 프시케만 빼고 온 세상이 사랑에 빠진 것 같았다.

"그만 집에 가자."

레나의 말에 프시케는 고개를 끄덕이며 돌아섰다.

축제는 며칠 동안이나 이어졌다. 그동안 마을의 거의 모든 처녀들은 청혼을 받았다. 하지만 프시케의 예상대로 그 어떤 남자도 프시케에게 다가오지 않았다. 다가오지 않는 정도가 아니라 슬금슬금 피하기까지 했다. 그녀와 한 공간에 있으면 신의 분노를 살지도 모른다는 막연한 두려움 때문이었다. 모든 사람들의 사랑을 받던 프시케는 한순간 마을의 골칫거리가 된 것이다.

퍽!

그러던 어느날, 프시케를 향해 계란이 날아왔다. 축축하고 미끈거리는 계란을 머리에 맞은 프시케를 보고 레나는 화를 버럭 내며 뒤를 돌아보았다. 한 노인이 그곳에 서 있었다.

"프시케, 축제를 망치지 말고 당장 사라지거라! 너 때문에 우리 마을 전체에 화가 미칠 수도 있어!"

"하지만……."

"잠깐만, 레나."

뭐라고 반박하려던 레나를 프시케가 말렸다. 레나 역시 주변을 돌아보고는 입을 다물었다. 멀찍이서 둘을 에워싸듯 빙 둘러선 사람들의 사나운 눈빛 때문이었다. 여차하면 계란이 아니라 돌을 던질 것 같은 그들의 험악한 눈빛에 프시케와 레나는 뒤로 주춤 물러났다.

"집으로 가자. 그게 편하겠어."

레나와 프시케는 급히 집으로 돌아왔다. 하지만 집에서도 환영받지 못하기는 마찬가지였다.

"프시케, 축제가 끝나면 너희 언니들 결혼식을 할 거야. 미안한데 그때 옆 마을에 잠깐 가 있으면 안 될까?"

"미안하다. 모든 신전에서 네가 이 마을에 있으면 너희 언니들 결혼식을 치러 주지 않겠다지 뭐니. 너는 이미 틀렸지만 네 언니들은 행복하게 살아야 하잖니."

"미안해. 하지만 남자친구가 네가 참석하면 신들의 축복을 못 받을지도 모른다면서……."

"며칠이면 끝나니까 잠깐 여행한다고 생각해."

부모님에 이어 셀리와 로리는 미안한 듯 말꼬리를 흐리며 부탁을 했다. 프시케는 고개를 끄덕일 수밖에 없었다.

"알았어, 언니. 오늘 밤 축제가 끝나니까 내일 아침 일찍 이모를 찾아갈게."

풀이 죽은 프시케의 뒷모습을 보며 레나는 가슴 한쪽이 뜨끔해졌다.

'으으, 미치겠네. 에로스나 아프로디테 둘 중 누구를 만나야 이 문제가 해결되려나?'

레나는 저녁을 먹은 뒤에도 쉽게 잠을 이루지 못했다.

"물이라도 마셔야겠다."

다른 사람들이 깨지 않도록 레나는 발소리를 죽여 계단을 내려갔다. 그런데 뜻밖에도 잠든 줄 알았던 셀리와 로리가 식당에서 이야기를 나누고 있었다. 레나는 인기척을 낼까 하다가 그대로 돌아섰다. 아니, 돌아서려 했다. 하지만 그 순간 프시케의 이름이 레나의 귓가에 날아와 꽂혔다.

"프시케가 딱하게 됐어."

"그러게 말이야. 얼마 전까지만 해도 축제가 시작되면 온 마을 남자들이 프시케 뒤만 졸졸 따라다닐 것 같았는데."

셀리와 로리는 그렇게 말하고는 가볍게 웃었다. 셀리가 말했다.

"프시케에게는 안된 일이지만 우리에겐 다행이지. 안 그랬으면 너나 나뿐만 아니라 온 동네 처녀들이 노처녀가 될 뻔했잖아."

로리가 고개를 끄덕였다.

"당연하지. 이제야 하는 얘긴데 나 사실 프시케 별로 안 좋아했어. 어머니도 아버지도 언제나 프시케에게만 신경 쓰셨잖아. 우린 언제나 그 다음이었고. 아니, 아예 없는 사람 취급하셨지."

로리의 말에 셀리가 킄킄 웃었다.

"사실 서운하긴 했지. 사실 우리도 뜯어보면 어디 가서 빠지는 얼굴은 아니잖아."

"맞아. 프시케만 아니면 온 마을 남자들이 우리를 보려고 줄을 섰을 텐데."

둘은 동시에 서로의 얼굴을 쳐다보았다. 그리고는 씨익 미소 지었다. 어딘가 은밀한, 공모자의 미소였다.

"그동안 잘난 척하더니 꼴좋게 됐지, 뭐."

"평생 혼자 노처녀로 늙어 죽겠지?"

"당연하지. 여신의 미움을 샀다잖아. 너도 직접 보고서는 뭘 묻니? 그게 사람이냐? 나무토막이지."

계단 위에 쪼그려 앉아 있던 레나는 웃음기 배인 셀리와 로리의 목

소리를 들으며 자기 귀를 의심했다.

"저 언니들 뭐야? 자기 동생의 불행을 완전 즐기는 분위기인데?"

레나는 설마하며 고개를 쑥 내밀었다. 셀리와 로리의 얼굴에는 묘한 표정이 떠올라 있었다. 비틀려 살짝 올라간 입매와 서늘하게 반짝이는 눈빛을 통해 내보이고 있는 그것은 일종의 승리감이었고, 비웃음이었다. 레나는 그제야 며칠 전 신전에서 신관과 이야기를 나누던 사람이 바로 셀리와 로리였다는 사실을 알아챘다.

"무슨 언니들이 저래? 그렇게 안 봤는데 완전 못됐네."

이 모든 게 자기 때문이라는 책임감이 무겁게 어깨를 내리눌렀다. 레나는 더 이상 참지 못하고 프시케를 소리쳐 불렀다.

"프시케!"

레나의 목소리에 셀리와 로리는 화들짝 놀라 자리에서 벌떡 일어났다.

"레나, 아직 안 잤어? 우, 우리도 지금 막 나왔어. 뭘 좀 마시려고."

"그런데 혹시 뭐 들었어?"

셀리와 로리는 레나의 눈치를 보며 조심스레 물었다. 레나는 그런 둘에게 싸늘한 시선을 던지고는 다시 한 번 프시케를 불렀다.

"프시케! 얼른 나와 봐. 갈 데가 있어."

"이 시간에 어딜 가자는 거야?"

프시케가 의아한 얼굴로 계단을 내려왔다. 잠들지 못했던 것은 프시케도 마찬가지였던 듯 아직 외출복 차림이었다. 레나는 셀리와 로리를 찌릿 째려본 뒤 프시케의 손목을 덥석 잡았다.

"나랑 어디 좀 가자."

"지금 이 시간에? 곧 별이 뜰 거야."

"그러니까 빨리 가야지."

레나는 버둥거리는 프시케를 끌고 문 밖으로 나섰다.

어둑어둑한 거리를 달려 레나와 프시케가 도착한 곳은 아프로디테의 신전이었다. 마음 같아서는 아프로디테의 샘물이 있던 그 산속으로 달려가고 싶었지만 에로스에게 대롱대롱 매달려서 여기에 온지라 그 산이 어디인지 도저히 알아낼 방법이 없었다.

신전 앞에 도착한 레나가 문득 걸음을 멈추었다. 프시케가 물었다.

"이 시간에 여긴 왜 온 거야?"

"그야 당연히 여신을 만나려고 그러지."

프시케가 다시 물었다.

"그럼 어서 들어가야지 왜 멈춘 건데?"

레나는 대답 대신 천천히 그 자리에서 한 바퀴 빙글 돌며 주변을 살펴보았다.

"어째 뒤통수가 간질간질해서 말이야. 꼭 누가 날 보고 있는 기분이랄까?"

누군가 자신을 지켜보고 있다는 끈적거리고 불쾌한 느낌은 며칠 전부터 계속되고 있었다. 지금까지는 프시케를 보며 수군거리는 사람이 워낙 많았기에 그들 중 한 명이려니 하고 넘겼다. 하지만 지금은 달랐다. 거리에는 사람은커녕 고양이 한 마리 없었다. 그런데도 레나는 여전히 누군가의 시선이 느껴졌다.

레나의 말에 프시케도 덩달아 주변을 살폈다. 하지만 여전히 거리는 조용하기만 했다.

"아무도 없는데? 기분 탓일 거야."

"그런가 봐. 내가 예민한 애가 아닌데. 아무튼 어서 들어가자."

레나와 프시케가 신전 안으로 들어가는 순간, 어두운 골목의 그림자 속에서 누군가 걸어 나왔다. 허름하고 평범한 옷차림을 한 그는 뜻밖에도 에로스였다. 그는 신전 안으로 들어가는 프시케와 레나의 뒷모습을 한참이나 쳐다보았다. 마침내 그가 긴 한숨을 쉬며 말했다.

"아, 정말 모르겠다. 심장은 미친 듯이 쿵쾅거리는데 대체 누굴 보고 그러는 거야? 프시케 같기도 하고 레나 같기도 하단 말이지."

심란한 듯 뒷머리를 긁적이기까지 하던 에로스는 문득 고개를 갸웃거렸다.

"그런데 쟤들이 왜 이 시간에 어머니의 신전에 온 거지?"

늦은 시간이라 그런지 신전은 맨 처음 에로스와 왔을 때처럼 텅 비어 있었다. 다만 사람들이 다시 찾기 시작한 신전 안 곳곳은 향기로운 봄꽃들로 장식되어 있었다.

프시케는 머리에 둘렀던 베일을 풀고 아프로디테의 신상 앞에 꿇어앉아 꽃을 바쳤다. 하지만 레나는 당당히 서서 외쳤다.

"아프로디테! 아프로디테! 할 말이 있으니까 당장 나와요."

레나의 고함 소리에 놀라 달려온 것은 신관이었다. 신전의 한쪽 구석에서 청소를 하던 신관은 느닷없이 들려온 레나의 고함에 허둥지둥 달려왔다.

"여기가 어딘 줄 알고 소리를 질러? 아니 너희들은?!"

신관은 뒤늦게 레나와 프시케를 알아보고는 얼굴을 찌푸렸다.

"프시케, 가뜩이나 여신께 미움을 받고 있는데 이 밤중에 소란까지 피워야겠니?"

프시케는 마치 큰 죄를 지은 사람처럼 고개를 푹 숙였다. 그 순간 레나가 나섰다.

"소리친 사람은 난데 왜 프시케를 혼내요?"

신관은 넌 또 뭐냐는 듯한 눈길로 레나를 돌아보았다. 찌르는 듯한 그의 시선을 정면으로 받으면서도 레나는 아까보다 오히려 더 당당한 목소리로 말했다.

"아저씨가 아침저녁으로 여신에게 직접 신탁을 받으신다는 대단한 신관이시라면서요? 제가 아프로디테에게 할 말이 있는데 좀 불러 줬으면 좋겠어요."

신관은 자기 귀를 의심하며 되물었다.

"뭘 해 달라고?"

"아프로디테 여신 좀 불러 달라고요."

신관은 황당하다는 듯 코웃음을 쳤다.

"여신님이 네 친구냐? 할 말 있다고 이 밤중에 막 불러내게? 그리고 너 제물은 있어?"

"제물이요? 이거면 되려나요?"

레나는 주변을 두리번거리다가 프시케가 들고 있는 꽃을 가리켰다. 신관은 콧바람을 뿜었다.

"기가 막혀서…… 신이 손뼉만 짝 치면 나타나시는 줄 아니? 신들은 자신들이 원할 때만 모습을 드러내. 예외가 있다면 우리 같은 신관들이 제물을 바치며 간절히 뵙기를 청할 때뿐이지. 그것도 매번 오시는 게 아니라고. 그런데 변변한 제물도 없이 빈손으로 여신을 뵙기를 청해?"

"아프로디테를 보려면 어떤 제물이 필요한데요?"

레나가 물었다. 신관은 프시케를 힐끗 보고는 말했다.

"보통은 새끼 염소나 양이 필요하지. 황소도 좋고. 물론 황금이 가장 좋지만 말이다. 하지만 여신께 미움을 받은 프시케가 있으니 황금을 자루로 가지고 온다고 해도 힘들겠구나. 너 때문에 이 신전이 몇 년이나 파리만 날린 거 알지? 여신께서 화가 나실 만도 했지. 이게 다 업보야, 업보."

프시케의 얼굴빛은 조금 전보다 더 어두워졌다. 레나가 화난 얼굴로 신관에게 쏘아붙였다.

"흥, 신전에 사람들이 안 온 건 프시케가 예뻐서가 아니리 아저씨가 돈타령을 해서 그런 기었군요."

"뭐, 뭐야? 이 꼬마가……!"

"잘 들어요, 아저씨. 내가 아프로디테나 에로스를 다시 만나면 아저씨에 대한 거 다 일러 줄 거니까 마음의 준비나 하고 있으세요. 프시케, 가자. 척 보니까 저 아저씨가 황금으로 만든 황소를 놓고 백년 만년 기도를 해도 아프로디테는 안 올 것 같다."

놀란 신관이 뒤늦게 소리쳤다.

"저, 저런 불경한 말을 감히 다른 곳도 아닌 신전에서 내뱉다니. 프시케, 당장 그 애 옆에서 떨어져. 안 그럼 너 정말 큰일 난다."

프시케는 레나에게 끌려가면서 힐끗 뒤를 돌아보았다.

"레나는 이런 말해도 괜찮아요. 얜 아프로디테 여신님을 직접 만나보기까지 했는걸요."

프시케의 말에 신관은 콧방귀를 뀌었다.

"평생 동안 기도한 나도 한 번도 못 뵌 여신을 저 꼬맹이가 어떻게 만나? 이상한 소리 하지 말고 어서 나가!"

"정말이에요. 나 진짜……."

"어허! 좋은 말로 할 때 얼른 나가. 안 그럼 병사를 부를 거야."

신관은 버둥거리는 레나와 프시케의 등을 떠밀어 신전 밖으로 내쫓았다. 그리고는 신전의 문을 쾅 닫았다.

"별 이상한 꼬맹이들을 다 보겠네. 여신을 만나다니. 아니, 여신이 무슨 옆 동네 사는 친구야?"

"왜 거짓말이라고 생각하지?"

그때 신전 안쪽에서 또 다른 낯선 목소리가 들렸다. 속삭이듯 낮고 작은 목소리였는데도 이상하게 신관의 귀에는 신기할 정도로 또렷이 전해졌다. 깜짝 놀란 신관은 소리 나는 쪽으로 몸을 틀었다. 그리고 경악했다. 처음 보는 청년이 신전 중앙에 놓인 제단 위에 걸터앉아 있었기 때문이었다.

"이런 불경스러운 일이…… 당장 내려오지 못해?"

하지만 청년은 내려오기는커녕 오히려 제단 위에 비스듬히 드러누웠다. 신관의 얼굴은 이제 시뻘겋게 달아올랐다.

"좋아. 병사를 부를 필요도 없어. 너 같은 비리비리한 녀석은 내가 직접……."

"오늘은 시든 꽃이 없군. 진즉에 이렇게 관리를 하면 좋잖아. 다시는 꽃이 시들 때까지 두지 마. 어머니께서는 시든 꽃을 싫어하거든."

소매를 둘둘 걷어붙이던 신관은 청년의 말에 그 자리에 얼어붙었다. 그의 머릿속에 순간 다 시들었던 꽃이 거짓말처럼 생생하게 되살아난 며칠 전의 일이 스치고 지나갔다.

"설마 당신은……!"

"오늘은 내가 힘을 쓸 일이 없어서 다행이군. 정말 요즘은 피곤했거든. 꽃을 되살리는 간단한 일도 하기 싫을 만큼."

말이 이어질수록 청년의 모습이 조금씩 변했다. 검은 머리는 점차 갈색으로 옅어졌고, 평범했던 얼굴은 감히 쳐다볼 수도 없을 만큼 아름답게 변했다. 그의 새까만 눈동자에서는 거역할 수 없는 위엄이 흘러나왔다.

 털썩!

 신관은 그 자리에 무릎을 꿇었다.

 "신이시여! 제가 위대한 분을 못 알아보고 감히…… 죽여주십시오."

 에로스는 피식 웃으며 제단에서 풀쩍 뛰어내렸다. 그리고 신관 앞으로 다가섰다.

 "왜 거짓말이라고 생각했지?"

"예?"

신관이 고개를 번쩍 들자 에로스가 인상을 썼다.

"똑같은 말을 몇 번이나 하게 만드네. 방금 전에 레나가 여신을 만났다고 했잖아. 그런데 왜 안 믿었냐고 물었어."

신관의 눈은 동전만큼이나 휘둥그레졌다.

"헉! 설마 그럼 진짜 아까 그 건방진 애, 아니 레나가 진짜 여신님과 친한 사이입니까?"

에로스가 낮고 위협적으로 말했다.

"레나뿐만 아니라 프시케 역시 아프로디테 여신과 인연이 깊어. 그러니까 또 한 번 그 두 아가씨에게 함부로 굴면 후회하게 될 거야. 이건 신의 이름을 걸고 하는 경고니까 새겨듣는 게 좋아."

에로스의 말에 신관은 코앞에서 지옥의 문이 열린 듯 부들부들 떨었다.

"제가 죽을죄를 지었습니다. 뭐든 시키시는 대로 할 테니 부디 자비를 베풀어 주십시오."

에로스는 바닥에 이마를 대고 오들오들 떠는 신관을 보며 잠깐 생각에 잠겼다. 그리고 씨익 웃으며 말했다.

"네가 할 일이 있긴 하군."

"뭐든 열심히 하겠습니다."

"지금 당장 사람들에게 받은 황금을 모두 돌려줘. 그리고 오늘 나를 만났다는 사실을 그 누구에게도 말하지 마."

"알겠습니다."

"그리고 또 한 가지……."

"저런 돌팔이 신관이 신전에 떡하니 버티고 있으니 아프로디테의 매력이 날로 떨어지지."

신전을 나서자 밖은 완전히 깜깜했다. 정신없이 걷던 레나는 신전에서 한참이나 떨어진 곳에 이르러서야 우뚝 멈춰 섰다. 그리고 프시케 쪽으로 돌아섰다.

"미안해. 너무 화가 나는 바람에 이성을 잃었네. 신관 말고 여신을 부를 수 있는 사람은 없어?"

프시케는 고개를 흔들었다.

"그런 게 있으면 신관이 있을 리가 없잖아."

"그렇겠지? 그럼 그 재수 없는 신관 아저씨에게 돌아가야 하나."

어깨를 축 늘어뜨린 레나의 귀에 다급한 고함이 들렸다.

"잠깐만 기다려!"

돌아선 레나는 깜짝 놀랐다. 방금 전에 프시케와 자신을 신전 밖으로 내쫓았던 신관이 허둥지둥 달려오고 있었던 것이다.

"왜 그러세요?"

"헉헉…… 그게, 내가 방금 전에 신탁을 받았거든."

두 사람 앞에 멈춰선 신관은 턱까지 친 숨을 몰아쉬었다. 잠시 숨을 고른 그는 레나와 프시케의 얼굴을 힐끔 쳐다보았다. 레나는 고개를 갸웃거렸다.

"신관 아저씨, 얼굴이 왜 그래요? 하얗게 질린데다 땀을 뻘뻘 흘리시고. 어디 아파요?"

"아무것도 아닙니…… 아니다."

신관은 레나가 가까이 다가오자 두려운 듯 흠칫 놀랐다. 레나는 그런 신관을 의심스럽다는 듯 눈을 가늘게 뜨고 쳐다보았다.

'저 아저씨, 뭔가 이상한데?'

신관은 레나의 시선을 의식하고는 흠흠, 헛기침을 하며 비스듬히 돌아섰다. 그리고 프시케를 향해 말을 꺼냈다. 아주 조심스럽게.

"흠흠, 지금부터 내가 하는 말을 잘 들어라. 방금 전 내가 받은 신탁에 따르면 여신을 만날 방법이 딱 한 가지 있단다."

신관의 말에 프시케가 급히 물었다.

"그게 뭐죠?"

"저 산들 중 가장 높은 봉우리에 오르는 거야. 그곳에는 올림포스의 신들과 직접 얘기할 수 있는 존재가 산다는구나. 그게 신탁의 내용이었다. 그럼 난 이만 가 보마."

신관은 마을 뒤쪽에 병풍처럼 늘어선 산을 가리키며 말했다. 그러고는 다가올 때와 마찬가지로 허둥거리며 신전으로 되돌아갔다.

"엄청 피곤해 보이시네. 이 날씨에 식은땀을 뻘뻘 흘리고. 그 신탁이라는 게 무지 힘든 건가 봐. 아까 돌팔이 신관이라고 한 거 취소해야겠다."

레나는 피식 웃으며 프시케를 돌아보았다.

"그래도 다행이다. 여신을 만날 방법을 찾았잖아."

뜻밖에도 프시케의 얼굴은 그다지 밝지 않았다.

"어른들이 그러는데 저 산에는 괴물이 산대. 그것도 포악하고 추한 괴물이. 그의 땅을 밟은 사람들은 다시는 돌아오지 못한다고 했어. 그래서 저 산에는 그 누구도 가까이 가지 않아."

프시케의 말에 레나는 다시 한 번 마을 뒤쪽에 우뚝 서 있는 산을 바라보았다. 희미한 달빛 아래 보이는, 예리한 칼로 도려낸 듯 새까만 산봉우리는 마치 프랑켄슈타인이 사는 성벽 같아 보였다. 레나는 마른침을 한 번 꿀꺽 삼키고 숨을 깊이 들이쉬었다. 더 이상 자기가 저지른 실수 때문에 프시케가 불행해지는 걸 보고만 있을 수는 없었다.

"그래도 갈 거야. 아니, 가야 해. 난 아프로디테랑 해결해야 할 일이 있거든. 넌 어떻게 할래?"

레나가 프시케를 돌아보았다. 프시케의 얼굴에도 레나와 비슷한 표정이 떠올라 있었다.

"나도 갈 거야. 가서 어떻게 하면 여신의 노여움을 풀 수 있는지 알아야겠어."

레나는 그럴 줄 알았다는 듯 씨익 웃었다.

"그럼 일단 집에 갔다가 내일 일찍 출발하자."

레나는 프시케와 나란히 걷기 시작했다. 그러다가 우뚝 멈춰 서서 뒤를 돌아보았다. 어두운 골목은 아까와 마찬가지로 텅 비이 있있다.

레나가 고개를 갸웃거렸다.

"이상하네."

"뭐가 이상해? 너야말로 좀 이상하다."

"아까부터 꼭 누가 쳐다보는 것 같단 말이야. 아직 네 사생팬이 남았나 봐."

레나는 어깨를 한 번 으쓱하고는 프시케의 팔을 당겼다.

"얼른 가자."

"하여튼 괴물이라니까. 대체 어떻게 알아채는 거지?"

높은 지붕 꼭대기에 올라앉은 에로스는 멀어지는 레나의 뒷모습을 보며 혀를 내둘렀다. 그는 벌써 며칠 동안 기척을 감춘 채 레나와 프시케를 따라다니고 있었다. 당연히 인간은 물론이고 다른 신조차 그의 기척을 알아챌 수 없어야만 했다. 하지만 단 한 사람, 레나만큼은 그의 존재를 눈치챘다. 눈치챘을 뿐만 아니라 그가 서 있는 곳을 정확히 돌아보기까지 했다. 에로스는 중얼거렸다.

"그리고 보니 어떻게 어머니의 샘물 옆에 있었는지도 모르잖아? 신들의 영역에 어떻게 인간이 들어온 거지? 쟤 대체 정체가 뭐야?"

에로스는 레나가 사라진 방향을 노려보며 중얼거렸다. 그의 혼잣말은 어둠 속으로 녹아들었다. 그리고 어느 순간 에로스 역시 어둠 속으로 사라져 버렸다.

레나와 프시케는 아침 해가 뜨기도 전에 신관이 말한 산으로 달려갔다. 산은 멀리서 보았던 것보다 훨씬 더 험했다. 괴물이 산다는 소문답게 나무들은 하나같이 비틀리고 갈라져 가뜩이나 험한 길을 더욱 복잡하게 만들었다. 햇빛도 들지 않는 골짜기에는 봄이라는 계절이 무색할 정도로 삭풍이 불어 왔고, 쓰러진 나무들은 새까맣게 썩어 바스라지고 있었다.

레나와 프시케는 바람을 피하기 위해 얇은 천으로 코와 입을 막은 채 비탈길을 걸었다.

"으으. 무슨 산이 이래? 여기만 겨울 같아."

해가 서쪽 하늘로 넘어가기 직전이 되어서야 레나와 프시케는 산꼭대기에 오를 수 있었다. 옷은 흙으로 더러워지고, 먼지 때문에 목은 따끔거렸다. 물 한 모금 마시지 못한 레나는 꼭대기에 오르자마자 바닥에 털썩 주저앉았다.

"하아. 더 이상 한 발짝도 못 걸어. 진짜 내가 전생에 무슨 죄를 지었기에 현실에서도, 꿈에서도 죽자 사자 산속을 헤매는 거냐고."

하지만 레나의 고생은 끝난 것이 아니었다. 커다란 바위가 뒹구는 그곳에는 아무것도 없었다. 있는 것이라고는 보기만 해도 아찔한 구름다리뿐이었다.

신관이 말한 괴물이 사는 집은 구름다리 건너편의 좁고 위태로운 산봉우리에 있었다. 레나는 한 사람도 건너기 힘들 정도로 좁은 구름다리와, 그 너머로 보이는 새하얀 저택을 보며 입을 쩍 벌렸다.

"못살아. 저기까지 가야 한다고?"

프시케 역시 구름다리 아래를 내려다보며 숨을 헉 들이쉬었다. 구름다리 아래는 좁고 깊은 계곡이었다. 지옥까지 이어질 듯한 계곡 아래에서는 쉬지 않고 날카로운 바람이 불어왔고, 부실한 구름다리는 그때마다 춤을 추듯 흔들렸다.

하지만 선택의 여지는 없었다. 프시케가 먼저 구름다리 위로 올라섰다.

끼이익-

오랜 세월 바람과 안개에 마모된 발판이 비명을 질렀다. 프시케는 이를 악물고 신중하게 한 걸음 한 걸음 발을 내딛었다.

"무서워 죽을 것 같지만 이게 다 내 탓이니 어쩔 수 없지."

레나도 프시케의 뒤를 따라 구름다리 위에 올라섰다. 삭을 대로 삭은 밧줄과 중간중간 쩍쩍 갈라진 발판은 부실하기 짝이 없었다. 레나는 온몸에 힘을 주고 한 발짝 한 발짝 앞으로 걸어갔다.

휘이잉-

바람은 칼날처럼 날카로웠다. 레나는 고삐 풀린 말처럼 날뛰는 구름다리의 밧줄을 손이 아프도록 움켜쥐어야 했다.

"내가 다시는 구름다리 근처에도 안 간다. 놀이터 구름다리라도 건너면 내가 홍레나가 아니라 청레나다."

레나가 이를 뿌득 갈 때였다. 우지끈, 요란한 소리와 함께 프시케의 몸이 구름다리 아래로 푹 꺼졌다. 썩은 발판이 기어이 부서진 것이다.

"꺄아악!"

"프시케!"

레나는 구름다리 위라는 것도 잊은 채 프시케에게 달려갔다. 그리고 몸을 날려 아슬아슬하게 매달려 있는 프시케의 두 팔을 잡았다.

"잡았…… 꺄아악!"

비명 소리와 함께 레나와 프시케는 아래로 떨어져 내리기 시작했다. 두 눈을 질끈 감은 레나의 귓가로 칼날 같은 바람이 스쳐 지나갔다. 엄마와 아빠, 재수 없는 우혁과 잘난 척하던 아프로디테의 얼굴이 번개처럼 스쳐 지나갔다. 죽을지도 모른다는 공포심이 레나의 심장을 터질 듯 움켜쥐었다.

'살려줘! 제발…… 에로스!'

레나는 마지막 순간 에로스의 이름을 외치며 그대로 정신을 잃었다.

레나가 기절하는 순간 프시케 역시 의식을 잃었다. 기절한 두 소녀는 마치 끈이 끊어진 인형처럼 거친 바람에 흔들리며 절벽 아래로 떨어져 내렸다.

휘이잉-

한순간 어디선가 한 줄기 훈훈한 서풍이 불어왔다. 칼날처럼 몰아치는 바람을 가르며 불어온 서풍은 바닥에 떨어지기 직전의 레나와 프시케를 부드럽게 감싸 안았다. 레나와 프시케의 몸이 천천히 허공으로 떠올랐다.

서풍이 레나와 프시케를 내려놓은 곳은 구름다리 건너편에 우뚝 서 있는 새하얀 저택 안이었다. 삭막했던 절벽과는 달리 저택 안에는 향기로운 꽃들이 만개해 있었다.

레나와 프시케를 정원의 보드라운 풀밭 위에 조심스레 내려놓은 서풍은 잠깐 동안 정원의 이곳저곳을 어루만지듯 돌아다니다가 한쪽에 모여들었다.

"화아악-!"

마치 투명하고 긴 실타래처럼 엉겨든 서풍은 신기하게도 점점 사람의 형상을 띠었다. 바람처럼 길고 반짝이는 머리카락은 나뭇잎처럼 진한 초록빛으로 빛났다. 세상 그 무엇보다도 까맣게 빛나는 검은 눈동자를 가진 그는 다름 아닌 서풍의 신 제피로스였다.

완전히 형체를 갖춘 제피로스는 흥미로운 얼굴로 레나와 프시케의 얼굴을 한참이나 내려다보았다. 그러다가 문득 허공에 대고 물었다.

"네 말대로 데리고 왔는데 왜 코빼기도 안 보여?"

그러자 마치 처음부터 그곳에 있었던 것처럼 에로스가 나타났다. 새하얀 옷을 입고 황금 팔찌를 두른 그는 레나가 맨 처음 아프로디테의 샘가에서 보았던 것처럼 신비로우면서도 아름다웠다.

"고마워."

"친구 사이에 간지럽게 인사는 무슨. 그런데 이 아가씨들은 대체 누구야? 다른 사람들은 떨어지든 말든 신경도 안 썼잖아?"

제피로스가 힐끗 눈짓으로 레나와 프시케를 가리켰다. 에로스는 한

숨을 푹 내쉬었다.

"묻지 마라. 나도 머리가 터질 것 같다."

"호오~ 사랑의 신 에로스가 여자 때문에 머리가 아프다? 최근 들은 말 중 가장 재미있는 얘기인데. 무슨 사연인지는 모르지만 나도 좀 끼워줘."

제피로스의 반짝이는 눈동자에는 절대 포기하지 않겠다는 의지가 가득했다. 에로스는 고개를 절레절레 흔들며 이야기기를 시작했다.

"이게 다 저기 뻔은 레나 때문에 시작됐어."

"레나? 둘 중 누가 레나야?"

에로스는 힐끗 프시케와 레나를 바라보았다. 그리고 툭 내뱉었다.

"못생긴 애."

"둘 다 예쁜데?"

"예쁜 건 프시케지. 다른 쪽 말이야."

"아하! 얘가 그 유명한 프시케구나. 어쩐지…… 레나도 귀여운데 뭐."

"귀엽긴. 하여튼 저 애가 모든 일의 시작이었어."

에로스는 아예 자리를 잡고 앉았다. 그리고 레나가 매혹의 샘물을 마셔 버린 일과 자신이 어머니를 위해 프시케의 매력을 빼앗은 일을 말했다.

"말도 안 돼. 매혹의 샘물을 한 항아리나 마셨다고?"

어느새 에로스의 맞은편에 걸터앉아 있던 제피로스가 눈을 휘둥그렇게 떴다. 그리고 홱 고개를 돌려 레나를 보았다.

"전혀 매력적으로 보이지 않는데? 아니, 그 전에 인간이 그걸 한 방울 이상 마시면 목숨이 위험하지 않아? 옛날에 그런 사고가 많았잖아."

눈까지 비비는 제피로스를 보며 에로스가 피식 웃었다.

"그러니까 괴물이라는 거지. 도대체 정체를 모르겠다니까."

"흐음, 제우스가 만든 새로운 인간인가? 호기심이 생길 만하네."

제피로스가 고개를 끄덕이다가 다시 물었다.

"그럼 레나는 그렇다 치고 프시케는 왜 살려 준 거야?"

"그야 책임감 때문이지. 모든 사람의 사랑을 받다가 나 때문에 한순간에 가장 불행한 사람이 되었잖아."

"책임감? 정말 그것 때문이야? 또 다른 이유는 없어?"

"다, 당연하지."

　에로스는 뭔가를 캐묻는 듯한 날카로운 제피로스의 시선을 피하며 벌떡 일어났다. 그리고 나란히 누운 레나와 프시케를 물끄러미 바라보았다.
　'정말 미치겠네.
　사랑의 신인 자신이 사랑의 화살에 찔렸다는 말을 다른 신들에게는, 특히 수다쟁이 제피로스에게는 절대 할 수 없었다. 더구나 그 상대가 누구인지 모르겠다는 사실은 더더욱 비밀이었다. 문득 에로스는 프시케와 처음 마주친 그 밤을 떠올렸다. 지금도 아름답지만 매력을 빼앗기기 전의 프시케는 올림포스의 그 어떤 여신보다 아름다웠다. 에로스는 고개를 끄덕였다.

'프시케일 거야. 당연히 프시케겠지. 내가 사랑에 빠진 상대가 설마 저 못생긴 레나일 리가 없지, 암. 쟨 심지어 날 신 취급도 안 하잖아.'

프시케라고 상대를 정해 버린 뒤에도 에로스는 레나를 더 오래 바라보고 있었다. 그리고 그런 에로스를 제피로스는 흥미진진한 눈으로 응시했다.

'재밌네. 사랑에 빠진 사랑의 신이라. 심장 뛰는 소리가 나한테까지 들리는데 뭘 숨기려는 거야?'

에로스와 제피로스가 한창 자기들만의 생각에 빠져있을 때였다. 레나가 깨어날 듯 신음소리를 냈다. 제피로스가 입을 쩍 벌렸다.

"말도 안 돼. 내가 바람으로 재웠다고. 벌써 깰 리가 없어."

"말했잖아. 이상한 애라고."

에로스는 말을 끝내기가 무섭게 그 자리에서 사라져 버렸다. 홀로 남은 제피로스는 자기도 도망쳐야 하나 남아야 하나 잠깐 망설였다. 그리고 그 순간 레나가 눈을 번쩍 떴다.

"으악! 당신 누구야?"

도망치려다가 들킨 제피로스는 레나와 눈이 마주치자 엉거주춤한 자세로 손을 흔들었다. 레나는 벌떡 일어나 앉아 주변을 획획 돌아보았다. 잡티 하나 없는 새하얀 대리석으로 지은 아름다운 저택과 꽃이 만개한 정원, 그리고 비현실적으로 아름다운 제피로스를 본 레나가 갑자기 눈물을 펑펑 흘리며 말했다.

"허어어엉~ 오빠, 전 벌써 죽으면 안돼요. 엄마랑 아빠도 다시 만나야 하고 연극 대본도 써야 한단 말이에요. 이런 꽃다운 나이에 죽을 순 없어요."

갑자기 목 놓아 우는 레나를 보며 제피로스는 되물었다.

"죽긴 누가 죽어?"

제피로스의 말에 레나는 눈물을 닦았다.

"여기 천국 아니에요?"

제피로스가 큭큭 웃었다.

"미안하지만 천국은 아니다. 여긴 산꼭대기 저택이야."

레나가 깜짝 놀라 물었다.

"그럼 당신이 여신을 불러 준다는 그 괴물이에요?"

제피로스가 벌컥 화를 냈다.

"괴물이라니? 이렇게 잘생긴 괴물 봤어? 잘 들어. 난 서풍의 신 제피로스야. 집 주인은 지금 없고 난 손님이야. 너희들처럼."

"서풍의 신?"

"그래. 절벽에서 떨어져 죽을 뻔한 너희를 살려 준 게 바로 나야."

레나는 벌떡 일어나 고개를 꾸벅 숙였다.

"정말요? 고맙습니다, 제피로스님."

제피로스는 호탕하게 웃었다.

"제피로스님은 무슨. 그냥 아까처럼 편하게 오빠라고 불러."

"네? 그럼 그럴게요. 그런데 프시케는 왜 안 일어나요?"

레나는 프시케의 어깨를 가볍게 흔들었다. 하지만 프시케는 깊은 잠에 빠진 듯했다. 제피로스가 말했다.

"벌써 깬 네가 비정상이야. 프시케는 놔두고 나랑 놀자. 집 구경부터 할래? 아니면……."

꼬르륵-

제피로스의 말이 끝나기 전에 레나의 뱃속에서 요란한 소리가 흘러나왔다. 레나는 두 눈을 질끈 감았다.

'창피해! 내 배는 왜 항상 결정적일 때 이러는 거야?'

제피로스는 두 손으로 시뻘게진 얼굴을 가리는 레나를 보며 웃음을 터뜨렸다.

"푸하하하! 일단 먹어야겠구나."

제피로스는 잠들어 있는 프시케를 부드러운 바람으로 깨웠다. 그리고 레나와 프시케를 저택 안의 식당으로 데려갔다. 그곳에는 요정들이 만든 달콤한 꿀이 들어간 차와 케이크가 잔뜩 차려져 있었다. 요정들은 요리뿐만 아니라 새 옷을 준비해 주기도 하고 목욕물을 데워 주기도 했다.

제피로스가 말했다.

"내가 없어도 불편한 게 있으면 뭐든 요정들에게 말하면 돼."

목욕을 하고 새 옷까지 갈아입은 레나와 프시케는 제피로스가 떠나려 하자 동시에 물었다.

"집주인은 언제 와요?"

"글쎄? 오고 싶을 때 오겠지? 아니면 아예 떠난 적이 없거나."

제피로스는 수수께끼를 내듯 묘한 미소를 지었다. 그리고 한 줄기 바람으로 변해 허공으로 사라졌다.

"저기요! 잠깐만…… 아으, 진짜 잠깐 기다려 보라고요!"

레나가 급히 외쳤지만 이미 제피로스는 사라진 뒤였다. 프시케가 말했다.

"기다려 보자. 기다리다 보면 이 집에 산다는 괴물을 만날 수 있을 거야."

6장
아프로디테의 시험

　저택에서의 생활은 편안했다. 요정들은 레나와 프시케가 말을 꺼내기도 전에 필요한 것들을 척척 준비해 주었다. 식탁에는 항상 갓 구운 따뜻한 빵이 놓여 있었고, 정원의 샘물은 시원하고 깨끗했다. 바람은 산뜻했고 햇살은 따사로웠다. 요정들은 레나와 프시케를 위해 리라를 켜며 노래도 불러 주었다. 그들의 노랫소리는 맑고 청아했으며 듣는 사람의 마음을 편안하게 만들어 주었다.
　하지만 그럼에도 레나와 프시케의 마음 한 구석에는 항상 초조함이 남아있었다. 집주인이라는 괴물 때문이었다.
　"요정을 하인으로 부리고 서풍의 신 제피로스와 친구라······."
　"괴물의 정체가 뭘까? 혹시 이 괴물도 신일까?"
　열흘이 지나도록 괴물은 나타나지 않았다. 레나와 프시케는 혹시나 싶어 뜬눈으로 밤을 새보기도 했다. 하지만 몇 날 며칠을 새도 괴물은 만날 수가 없었다.

하지만 괴물이 아예 집에 오지 않는 것은 아니었다. 새벽이 되면 요정들이 괴물이 먹고 남은 찻잔이나 과일 접시들을 치우고는 했던 것이다.

"이대로 무작정 기다릴 수는 없어. 오늘 밤에 다시 한 번 도전해 볼래. 설마 한 번은 마주치겠지."

벌써 며칠째 잠을 자지 못해 시뻘게진 눈을 비비며 프시케가 주먹을 불끈 쥐었다. 레나도 고개를 끄덕였다.

"내 말이 바로 그거야. 괴물인지 괴수인지, 오늘은 정말 그 비싼 얼굴 보고야 만다."

밤은 천천히 밀려들다가 한순간에 천지를 집어삼켰다. 저택은 어둠 속으로 가라앉았고, 요정들마저 모두 잠들자 누군가 정원으로 내려앉았다.

저벅.

조용한 발소리가 저택 안의 적막을 깨며 낮게 울려 퍼졌다. 발소리의 주인공은 불도 켜지 않은 어두운 저택 안을 거침없이 가로질러 가장 깊숙한 방 앞에 섰다. 그곳은 바로 저택의 주인인 괴물의 방이었다.

끼이익.

방문이 낮은 소리를 내며 열렸다. 하지만 괴물은 방 안으로 들어가

아프로디테의 시험　　　　　　　　　　　　　　　　　　　　145

지 못했다. 문이 열리는 순간 복도 양쪽에서 레나와 프시케가 뛰어나왔기 때문이었다.

"잠깐만!"

"물어볼 게 있어요."

괴물이 그르릉거리는 숨소리를 내며 말했다.

"귀찮게 하지 마라. 나의 휴식을 방해하면 너희들을 당장 절벽 아래로 던져 버릴 것이다."

프시케는 달빛 아래 드러난 괴물의 거대한 뒷모습과 위협적인 목소리에 심장이 멈출 것만 같았다. 하지만 용기를 내야만 했다. 지금이 아니면 다시는 이런 기회가 오지 않을 것만 같았던 것이다.

"제발 알려주세요. 여신은 왜 저를 미워하시는 거죠? 만약 제가 뭘 잘못했다면 고칠게요."

애원하는 프시케와 달리 레나는 고개를 옆으로 기울였다.

"저 목소리? 어디서 분명히 들어 봤는데 누구였지?"

괴물은 다시 한 번 거칠게 소리쳤다.

"죽기 싫으면 당장 꺼져!"

그와 동시에 레나가 외쳤다.

"알았다! 괴물 좋아하네. 너 에로스…… 으읍!"

레나가 입을 여는 순간 괴물이 바람처럼 레나에게로 달려왔다. 그러고는 커다란 손으로 레나의 입을 틀어막고는 귓가에 속삭였다.

"쉿! 조용히 좀 해. 하여튼 너 때문에 되는 일이 하나도 없다. 귀는 왜 또 이렇게 밝아?"

레나는 힐끗 프시케를 곁눈질하며 역시나 낮은 목소리로 괴물, 아니 에로스에게 속삭였다.

"왜 이런 유치한 연극을 하는 거야? 프시케랑 내가 너를 만나려고 얼마나 고생한 줄 알아?"

"거기엔 다 사정이…… 어쭈? 그런데 너 말이 짧다? 진짜 죽을래?"

에로스가 문득 인상을 와락 썼다. 레나는 그제야 배시시 웃었다.

"어멋! 제가 그랬나요? 헤헤……."

"아무튼 입 꾹 닫고 있어라. 내가 이러는 데는 다 사정이 있으니까."

에로스는 얼렁뚱땅 넘어가려는 레나를 지그시 째려본 뒤 다시 한 번 경고하듯 속삭였다. 그러고는 시무룩하게 어깨를 늘어뜨린 프시케를 지나쳐 그대로 방으로 들어갔다.

쿵!

방문이 요란하게 닫히고 복도는 다시 정적에 빠졌다. 프시케가 힘없이 말했다.

"흐윽. 레나, 난 이제 어떻게 하지? 여신을 만나긴 다 틀렸어."

"응? 아니 왜 얘기가 그렇게 되지?"

"괴물이 너랑은 대화를 하고 나는 쳐다보지도 않았어. 괴물조차 날 미워하는데 여신이 날 만나 줄 리가 없잖아. 차라리 여기에 오지 말걸. 그럼 언젠가 용서를 받을 수 있다는 한 줄기 희망이라도 품고 사는 건데."

아프로디테의 시험

프시케는 당장이라도 눈물을 터뜨릴 것만 같았다. 레나는 머리를 마구 쥐어뜯었다

"아으, 이걸 어떻게 설명하지? 진짜 미치겠다."

한참동안 가슴을 팡팡 치던 레나는 무언가를 결심한 듯 주먹을 불끈 쥐었다. 그리고 프시케의 손목을 덥석 잡았다.

"가자."

"어딜?"

"진실을 밝히러."

콰앙!

에로스는 문이 열리자 반사적으로 고개를 돌렸다. 문 앞에는 끝이 여러 갈래로 갈라진 촛대를 든 레나와 뻣뻣하게 얼어붙은 프시케가 서 있었다. 레나가 든 촛대에는 당연히 초가 꽂혀 있었고, 밝은 오렌지색 불꽃을 피우고 있었다. 어두운 방안을 훤히 비추는 불빛에 에로스의 얼굴이 드러났다.

"흥레나, 너 진짜!"

머리끝까지 화가 난 에로스는 버럭 소리를 쳤다. 레나는 움찔하며 한 발짝 뒤로 물러섰다.

"미안해요. 하지만 프시케가 너무 절망하고 있어서……. 그리고 어짰든 당신도 프시케의 일에 책임이 있잖아요."

"내가 왜? 이게 다 네가 어머니의 샘물을 마셔 버렸기 때문이잖아."

"치사하게 남자가 핑계는……."

"이게 왜 핑계야? 사실이지."

옥신각신하는 레나, 에로스와 달리 프시케는 혼이 빠진 듯 멍한 얼굴이었다. 방문이 열리고 에로스의 아름다운 얼굴을 보는 순간 프시케는 사랑에 빠지고 말았다. 창백하던 프시케의 얼굴은 갓 딿은 복숭아처럼 분홍빛으로 물들었고, 심장은 걷잡을 수 없이 두근거렸다.

프시케는 조심스럽게 한 발짝 에로스에게 다가갔다.

"당신은 신인가요?"

"사랑의 신 에로스. 아프로디테가 이 사람, 아니 이분의 어머니야. 그러니 당연히 아프로디테를 언제든 만날 수 있지."

에로스 대신 레나가 냉큼 대답했다. 에로스가 레나를 죽일 듯이 노려보았다. 레나는 흥, 콧방귀를 뀌었다.

"안 무섭거든?"

레나의 말에 프시케는 더욱 붉어진 얼굴로 에로스에게 다가갔다. 그리고 그의 앞에 무릎을 꿇었다.

"아름다운 에로스님, 처음 보는 순간 당신을 사랑하게 되었습니다. 부디 저를 이곳에 평생 머물도록 허락해 주세요. 신관이 아니라 시녀로라도 평생 당신 곁에 있고 싶습니다."

"프시케! 시녀라니 무슨 소리야?"

레나는 프시케의 말에 경악성을 질렀다. 놀라기는 에로스도 마찬가지였다. 그는 마치 불에 덴 듯 그 자리에서 펄쩍 뛰었다.

"이런……!"

휘이잉-!

"꺄아악!"

활짝 열린 창을 통해 순간 거센 바람이 들이닥쳤다. 갑자기 들이닥친 바람은 방 안의 모든 것을 뒤집어놓았다. 커튼은 찢어질 듯이 펄럭거렸고, 레나가 들고 있던 촛불은 단번에 꺼졌다. 바람과 함께 들어온 꽃잎들이 온 방안에 어지럽게 흩날렸다. 레나와 프시케는 갑작스러운 바람에 두 눈을 질끈 감고 비명을 질렀다.

바람은 순식간에 방안의 모든 것을 휘저어놓은 뒤 잦아들었다. 바람이 멈추자 레나는 슬그머니 눈을 떴다. 그러자 창틀에 걸터앉은 낯익은 얼굴 하나가 보였다.

"제피로스 오빠!"

"윽, 제피로스……."

반가워하는 레나와 달리 에로스는 낭패한 듯 한숨까지 섞어서 그의 이름을 불렀다. 제피로스는 장난기 가득한 미소를 지으며 말했다.

"내가 제 시간에 온 거 맞지?"

"제 시간에 오다니요?"

프시케의 질문에 제피로스는 한쪽 눈을 찡긋거렸다.

"너와 에로스의 결혼식 말이지."

잠깐의 침묵이 방 안에 흘렀다. 레나는 어리둥절한 얼굴로 제피로스와 에로스, 그리고 프시케를 번갈아 바라보였다.

"겨, 결혼식이라니? 누구랑 누가?"

레나의 질문에 제피로스가 긴 손가락을 들어 에로스를 가리켰다.

"나랑 에로스가 오래전에 한 가지 내기를 했거든. 에로스는 세상에서 가장 험한 곳에 신전을 지으면 아무도 찾아오지 않을 거라고 장담을 했지."

제피로스의 말이 끝나기도 전에 프시케가 입을 쩍 벌렸다.

"여기가 에로스님의 신전이라고요?"

레나가 인상을 와락 쓰며 끼어들었다.

"그런데 괴물이 산다느니 아무도 돌아오지 못한다느니 그런 소문은 왜 퍼뜨린 거야?"

에로스가 짜증스럽게 말했다.

"너희들이 사랑의 신이란 내 직업을 몰라서 그래. 신전이 도시 한가운데 있을 땐 정말 잠 잘 시간도 없었다고. 온갖 사람들이 몰려와서 사연들을 읊어대는데……. 그럼 난 그걸 다 들어 줘야만 한다고."

에로스는 생각만 해도 끔찍하다는 듯 진저리를 쳤다. 제피로스가 킥킥 웃었다.

"확실히 별의별 인간들이 다 있었지. 아무튼 중요한 건 이게 아니고. 그래서 내가 말했지. 그래도 누군가 찾아올 거라고. 에로스는 만약 누군가 이곳까지 찾아오면, 가장 먼저 자신에게 사랑을 구하는 사람과 결혼하겠다고 말했지. 그리고 마침내 오늘, 이 신전에서 에로스에게 사랑 고백을 한 사람이 나타났다 이 말씀이야."

제피로스는 별보다 더 반짝이는 눈동자로 프시케를 바라보았다.

"바로 프시케!"

프시케는 제피로스의 말에 숨을 헉, 하고 들이쉬었다.

"그 말은 제가…… 그러니까 저랑 에로스님이…… 꺄악!"

프시케는 숨을 몰아쉬다가 그대로 뒤로 넘어가 버렸다. 레나가 깜짝 놀라 손을 뻗었다. 하지만 에로스가 먼저 나서 프시케를 두 팔로 안아들었다.

두근.

가까이서 프시케를 마주한 에로스의 심장이 요란하게 뛰었다. 에로스는 길게 한숨을 내쉬고는 그녀를 조심스레 침대 위에 눕혔다. 그리고 몇 발짝 옮겨 제피로스와 마주섰다.

"넌 정말 끈질긴 녀석이야. 인정할게. 난 프시케와 사랑에 빠졌어."

"짐작은 하고 있었어. 네 심장이 그렇게 뛰는데 내가 모를 리가 없잖아. 그럼 결혼식은 언제 하지? 말 나온 김에 내일 해 버리자. 꽃이야 사방에 널렸으니까 됐고, 음식은 요정들이 할 테고. 하객은 내가 알아서 초대하지. 아, 주례가 있어야 하나?"

에로스는 끝없이 이어지는 제피로스의 수다에 질린 듯 눈살을 찌푸렸다.

"그렇게 재미있냐?"

"당연하지. 사랑의 신이 사랑의 함정에 빠졌는데 이보다 더 재밌는 일이 어디 있어?"

제피로스는 하하 웃음을 터뜨리며 레나를 휙 돌아보았다.

"주례도 내가 서고 신랑 들러리도 내가 할 테니 넌 신부 들러리 해. 당연히 옷은 예쁜 걸로 입어야 해."

"드, 들러리요?"

"당연하지. 여기 신부 친구라고는 너밖에 없잖아. 그럼 난 이제부터 좀 바쁠 것 같으니까 이만 실례~"

제피로스는 서풍의 신답게 훌쩍 창밖으로 날아올랐다. 그리고 얼마 전 그랬듯이 흔적도 없이 사라져 버렸다.

"뭐야? 자기 할 말만 하고 튀냐? 무슨 신이 저렇게 제멋대로야?"

"쟤가 좀 그렇긴 하지."

에로스가 격하게 고개를 끄덕였다. 문득 레나는 에로스와 단둘이 서 있는 것이 어색하게 느껴졌다.

"그, 그래서 진짜 결혼할 거예요?"

"약속이니까. 신들이 제멋대로긴 해도 약속은 꼭 지켜."

"약속이라서?"

레나가 빤히 에로스를 쳐다보았다. 마침 고개를 돌리던 에로스의 눈과 레나의 눈이 허공에서 마주쳤다.

"그, 그건 아니야. 너도 알다시피 내가 사랑의 화살에 찔렸잖아. 그리고 처음 눈이 마주친 사람이 프시케였어. 그래서……."

에로스는 불쑥 레나의 코앞에 손등을 내밀었다.

"맞아. 그랬죠. 하지만 그때 나도 있었잖아요?"

"그, 그야 넌 이상한 애잖아. 어머니의 샘물도 전혀 효과가 없었고. 내 화살도 마찬가지더라고. 아무렇지도 않아."

에로스는 그렇게 말하고는 헛기침을 하며 돌아섰다.

"난 다른 방에서 잘 테니까 네가 프시케랑 여기서 자."

에로스가 나간 뒤 레나는 고요히 잠이 든 프시케를 내려다보았다. 그리고 제 심장 위에 손을 올려놓았다.

"에로스랑 프시케는 진짜 잘 어울려. 환상의 커플이야. 게다가 운명적이기까지 하지. 그런데 둘이 결혼한다는데 왜 이렇게 여기가 아픈 거야?"

마침내 운명의 아침이 밝았다. 요정들은 아침 일찍부터 이리저리 날아다니며 집안을 단장했다. 곳곳에 꽃장식이 걸리고 식탁에는 수십 명을 거뜬히 먹일 음식이 차려졌다. 붉은 카펫이 정원까지 깔리고, 꽃잎이 눈꽃처럼 흩날렸다.

제피로스는 말 그대로 꼭두새벽부터 들이닥쳤다. 어젯밤처럼 불쑥 들이닥친 그는 잠도 덜 깬 프시케에게 새하얀 드레스를, 하품을 쩍쩍 하는 레나에게는 연초록색 드레스를 안겨 주었다.

"으이구, 잠이 오냐? 잠이 와? 대책 없는 인간들이네. 받아, 옷감 찌는 요정을 밤새 닦달해서 만든 거야."

레나와 프시케는 요정들의 도움을 받아 세수를 하고 옷을 갈아입었다. 거울 속에 비친 프시케는 거짓말 조금 보태서 여신처럼, 아니 여신보다 더 아름다웠다.

"헐~ 대박. 아프로디테가 와서 울고 가겠다."

"고마워. 너도 예뻐."

프시케의 말대로 제피로스가 가져다 준 초록색 드레스는 레나에게 무척 잘 어울렸다. 머리를 장식한 작고 노란 꽃들도 마음에 들었다.

"와아! 역시 난 보는 눈이 있다니까."

프시케와 레나가 정원으로 나오자 제피로스가 환하게 웃었다. 하지만 프시케와 레나의 시선은 그의 옆에 선 에로스에게 집중되었다. 바다처럼 짙푸른 옷을 입고 황금빛 장신구를 두른 채 붉은 카펫에 선 그는 만화에서 튀어나온 듯했다. 레나는 속으로 비명을 질렀다.

'저렇게 멋진 분을 왜 나는 그 못난이 우혁이랑 똑같다고 생각한 거야? 눈이 삐었었나 봐!'

정원에는 이미 수많은 하객들이 와 있었다. 에로스가 곤혹스러운 얼굴로 제피로스를 째려보는 걸 보면 누가 소문을 냈는지는 안 봐도 뻔했다.

"정말 에로스가 결혼을 하잖아."

"그것도 인간 여자하고. 세상 오래 살고 볼 일이야."

"흑흑. 에로스 오빠, 난 오빠만 행복하다면 뭐든 참을 수 있어요."

"에로스~ 저기 저쪽 여신에게 사랑의 화살 한 번만 날려 주면 안 돼? 첫눈에 반했단 말이야."

"여기서는 사랑의 화살 금지라고!"

"먹을 건 언제 줘?"

신들의 떠들썩한 수다를 들으며 레나는 킥킥 웃고 말았다.

"신들이라고 별로 다를 것도 없네."

이윽고 하프가 연주되고 요정들이 노래를 부르기 시작했다. 시끌벅적하던 하객들도, 장난기 가득하던 제피로스도 어느새 나란히 선 프시케와 에로스를 주시했다.

레나는 문득 고개를 들어 하늘을 올려다보았다.

"크으, 딸 시집보내는 것도 아닌데 왜 내가 울 것 같냐. 어라?"

레나가 갑자기 외마디 비명을 질렀다. 푸른 하늘 가운데 무언가 번쩍였던 것이다. 그리고 그것은 별똥별처럼 빠르게 저택 위로 떨어져 내리고 있었다.

콰쾅-

순간 커다란 굉음이 울리며 산 전체가 진동했다. 레나를 비롯한 모든 이들이 깜짝 놀라 뒤로 펄쩍 물러섰다. 잠시 후 자욱한 먼지가 가라앉은 곳에는 한 여인이 서 있었다. 바로 이 결혼식의 가장 중요한 하객인 아프로디테였다.

"내 아들 결혼식에 내가 빠지면 안 되지."

말과는 달리 아프로디테는 프시케를 잡아먹을 듯 노려보았다. 그리고 힐끗 그 옆에 선 레나에게로 시선을 돌렸다.

"또 너냐?"

"안녕하셨어요. 오랜만이죠?"

"오랜만 좋아하네. 인간, 또 네가 무슨 짓을 벌인 거지? 그렇지 않으면 내 아들이 저런 인간하고 결혼을 할 리가 없어."

레나는 한숨을 푹 내쉬었다.

"제 이름은 인간이 아니라 홍레나라구요. 몇 번을 말씀드려요. 무슨 여신이 그렇게 기억력이 딸리세요."

레나의 대답에 주변에서 헉, 하고 숨을 들이쉬는 소리가 들렸다. 아프로디테의 불같은 성질을 아는 신들이 내는 소리였다. 예상대로 아프로디테는 눈썹을 위로 치켜 올리며 손가락 하나를 까딱거렸다.

"어쭈, 여전히 건방이 하늘을 찌르네. 이리 와, 당장!"

"왜요…… 아얏!"

이마가 화끈해지는 것과 동시에 눈앞에서 별이 번쩍거렸다. 레나는 이마를 움켜쥐고 바락 소리쳤다.

"우씨! 왜 만날 때려요? 완전 깡패야, 깡패."

"네가 내 성질을 긁으니까 그렇지. 자, 이제 누가 나한테 설명 좀 해 볼래?"

아프로디테는 제 자리에서 한 바퀴 빙 돌며 사방을 쓸어보았다. 그녀의 찌르는 듯한 눈초리를 마주한 신들은 헛기침을 하며 고개를 돌렸다. 결국 그녀의 눈길이 마지막으로 멈춘 대상은 에로스였다. 에로스는 아프로디테에게 다가가 작은 목소리로 그동안의 일을 이야기하고, 자신의 손등에 난 작은 상처를 보여주었다. 설명은 하지 않았지만 아프로디테는 그것이 사랑의 화살에 찔린 상처라는 것을 알아보았다.

"그러니까 저 인간이 프시케구나."

"어쩐지 예쁘더라."

"아프로디테에게 매력을 빼앗겼구나. 불쌍하게. 쯧쯧."

"인간이 무슨 죄가 있겠어."

에로스의 목소리가 아무리 작아도 정원에 모인 하객들은 모두 신들이었다. 에로스의 말을 못 알아들을 리가 없었다.

"이것들이…… 그때 내가 좀 급했다니까. 시끄러워!"

아프로디테가 버럭 소리치자 정원은 한순간 조용해졌다. 소란이 잦아들자 아프로디테는 천천히 프시케의 앞으로 다가갔다.

온몸으로 강렬한 기운을 뿜어대는 아프로디테의 앞에 선 프시케는 독사와 마주한 병아리처럼 덜덜 떨었다. 아프로디테는 프시케의 머리부터 발끝까지 천천히 훑어본 뒤 차갑게 말했다.

"결혼? 내 아들하고 너하고?"

프시케는 덜덜 떨리는 목소리로 말했다.

"에로스님을 사랑합니다. 부디 허락해 주십시오."

"허락? 인간, 너 진짜 죽고 싶니? 레나도 그렇고 너도 그렇고 요즘 인간들은 왜 이렇게 간이 부었어?"

아프로디테가 폭발하기 직전 에로스가 끼어들었다.

"어머니, 참으세요. 여기서 화를 내시면 얘들 다 죽어요. 그리고 이 결혼식은 피할 수 없는 운명이에요. 어머니도 받아들이셔야 해요."

에로스의 말에 아프로디테는 숨을 길게 내쉬었다. 그리고 프시케를 향해 말했다.

"좋아. 에로스까지 이렇게 나오니 어쩔 수 없지. 결혼하거라."

프시케와 레나는 아프로디테의 허락에 서로의 손을 맞잡았다.

"다행이다."

"잘 됐어."

아프로디테가 피식 웃으며 말했다.

"좋아하긴 아직 일러. 결혼식을 하기 전에 프시케 넌 내가 내는 세

가지 시험을 치러야 해."

"시험이요?"

"만약에 그 시험에 통과하지 못하면 어떻게 되는데요?"

아프로디테는 눈을 번뜩이며 손가락으로 목을 스윽 그어 보였다.

"당연한 걸 뭘 묻니. 신과 인간의 시험은 항상 인간의 목숨을 담보로 한단다."

레나가 펄쩍 뛰었다.

"그런 게 어딨어요? 먼저 결혼하자고 한 건 에로스란 말이에요."

"싫으면 그만두고. 하지만 시험을 보지 않으면 결혼식도 없어. 이건 네가 내 아들과 어울릴 자격이 있는 인간인지를 증명하는 시험이거든. 당연히 에로스는 이 시험에서 너를 도울 수 없어."

프시케는 아프로디테의 번뜩이는 시선을 마주보았다. 그리고 천천히 고개를 돌려 에로스와 제피로스, 수많은 신들, 그리고 마지막으로 레나를 바라보았다. 프시케의 고개가 천천히 위아래로 끄덕여졌다.

"시험에 응하겠습니다."

"좋아! 그럼 지금부터 시작!"

따악!

아프로디테가 손가락을 딱 튕기는 순간, 레나와 프시케는 강력한 힘에 의해 어디론가 끌려가기 시작했다. 눈앞이 빙글빙글 돌고 온몸을 쥐어짜는 듯한 압박감에 레나는 비명도 지르지 못했다.

털썩!

다음 순간, 레나의 몸은 단단한 돌바닥에 내동댕이쳐졌다.

"아얏!"

"으윽……."

레나의 옆에 사이좋게 떨어진 프시케의 입에서도 신음소리가 흘러나왔다. 그리고 그런 두 사람 옆에 아프로디테가 사뿐히 내려섰다.

"여기가 어디에요?"

간신히 일어난 프시케가 물었다.

"보면 모르니? 곡식 창고잖아."

레나는 주변을 둘러보았다. 학교 강당보다 더 큰 공간에는 그녀의 말대로 크고 작은 자루들이 산처럼 쌓여 있었다. 자루 안에는 쌀과 밀, 콩, 수수 등 각종 곡물들이 담겨 있었다.

"여긴 왜 데려오신 거예요?"

레나가 물었다. 그러자 아프로디테가 씩 웃었다.

"자고로 여자는 살림을 잘 해야 하잖아? 네 살림 솜씨 좀 시험해 보자."

아프로디테가 손가락을 허공에서 튕기자 곡식 자루들이 일제히 허공으로 날아올랐다. 그리고 다음 순간 자루의 입구를 묶었던 끈이 한꺼번에 풀렸다. 당연히 그 안에 들어 있던 온갖 종류의 곡식들은 춤을 추듯 사방으로 흩날리며 제멋대로 뒤섞였다. 이윽고 자루 안의 모든 곡식이 바닥으로 떨어지자 아프로디테가 말했다.

"내일 해 뜨기 전까지 아까처럼 말끔히 정리해 놔."

"예에? 하루 동안이요?"

"말도 안 돼!"

레나와 프시케가 동시에 외쳤다. 하지만 이미 아프로디테의 모습은 보이지 않았다. 레나와 프시케는 멍한 얼굴로 마치 태풍이 쓸고 지나간 듯 어지럽게 섞인 곡물들을 쳐다보았다.

"나 좀 꼬집어 봐. 이건 꿈일 거야. 그것도 지독한 악몽."

프시케가 말했다. 레나가 한숨을 푹 내쉬었다.

"그래도 넌 사랑하는 사람하고의 결혼이 걸려 있잖아. 덩달아 끌려온 나는 얼마나 미칠 지경이겠니?"

레나와 프시케는 자루를 하나씩 집어 들었다.

"얼른 시작하자. 멍하니 있는 시간도 아깝다. 일단 눈에 잘 띄는 콩부터 담자."

"으악! 콩도 색과 종류가 다 다르잖아! 검은 콩하고 빨간 콩, 노란 콩까지……."

레나와 프시케는 말 그대로 허리 한 번 펴지 않고 곡식 자루를 채워 갔다. 등은 아프다 못해 끊어질 것 같았고, 눈은 충혈되었다. 곡식을 헤집는 과정에서 인 먼지 때문에 목은 말도 못 하게 따가웠다. 하지만 해질녘까지 둘이 채운 자루는 채 열 개도 되지 않았다.

"아윽, 더 이상 못 해. 허리가 끊어질 것 같아."

"난 배고파 말도 안 나와."

레나와 프시케는 끝내 곡식 더미 위로 벌렁 드러누웠다. 하루 종일 일을 했는데도 아프로디테가 쏟아 놓고 간 곡물들은 여전히 산처럼 쌓여 있었다. 레나가 말했다.

"아윽! 이게 바로 고부갈등이구나. 아프로디테 이 아줌마가 진짜 막장 아침드라마를 찍는다."

"드라마? 그게 뭔지는 모르겠지만 이건 도저히 우리처럼 평범한 인간이 할 수 있는 일이 아니라는 거야."

"그걸 이제야 알았냐?"

프시케의 푸념에 대꾸한 것은 제피로스였다. 어떻게 들어왔는지 제피로스는 수북이 쌓인 곡물 더미 위에 앉아 있었다. 일어날 힘도 없던 레나와 프시케는 손만 까딱했다.

"어쭈? 이 불경한 인간들이 감히 신을 봐도 안 일어나네?"

말과는 달리 제피로스는 웃고 있었다. 레나가 툴툴댔다.

"칫, 이게 다 오빠랑 에로스가 벌인 그 엉뚱한 내기 때문이거든요? 거기서 그렇게 얄밉게 웃고만 있지 말고 좀 도와줘요."

제피로스는 레나의 말에 웃음을 터뜨렸다.

"너 진짜 간이 부었구나. 좋아. 도와주지."

"정말요?"

제피로스의 말에 레나와 프시케는 서로의 팔을 붙잡아 주며 간신히 일어나 앉았다. 제피로스가 쯧쯧, 혀를 찼다.

"신의 말을 의심하다니. 둘이 아주 쌍으로 건방지다니까."

제피로스는 말을 끝내며 낮게 휘파람을 불었다. 그가 휘파람을 불자 창고 안으로 커다란 개미 수천, 수만 마리가 쏟아져 들어왔다. 개미들은 순식간에 창고 안의 곡식들을 이리저리 입에 물고 날랐다. 창고 안에 어지럽게 흩어져 있던 곡식들은 눈 깜빡할 사이 크기와 종류, 색깔별로 나뉘어졌다.

"나 이제부터 개미를 아끼고 사랑할래. 절대 밟거나 물에 빠뜨리지 않을 거야."

레나는 곡식들을 정리한 뒤 썰물처럼 사라지는 개미들을 보며 감탄했다. 제피로스가 말했다.

"이제 나머지는 혼자 할 수 있겠지?"

"당연하죠. 이 은혜는 절대 잊지 않을게요."

프시케는 제피로스가 있던 곳을 돌아보며 대답했다. 하지만 제피로스는 언제 떠났는지 벌써 사라지고 없었다.

"바람의 신이라더니 진짜 바람처럼 왔다가 바람처럼 가네."

"제피로스는 신경 끄고 어서 자루에 담자. 해가 뜨기 전에 자루에 담아 쌓는 것도 만만치 않겠어."

레나의 말대로 벌써 창밖은 파랗게 동이 트고 있었다. 레나와 프시케는 허겁지겁 자루를 집어 들었다.

아침 해가 뜨자마자 아프로디테는 길게 기지개를 켰다. 그리고 가벼운 발걸음으로 창고로 향했다.

"흥흥~ 감히 내 아들을 넘봐? 어이가 없어서. 첫 시험부터 떨어졌으니 깨끗이 포기하겠지?"

끼이익-

하지만 창고 문을 여는 순간 아프로디테의 미소는 깨끗이 사라졌다. 창고는 원래보다 더 깔끔하게 정리되어 있었다. 프시케는 산처럼 쌓인 곡식 자루들 가운데서 레나와 함께 잠들어 있었다. 둘 다 뿌연 먼지를 머리부터 발끝까지 뒤집어쓰고 드레스는 엉망진창이 되어 있었다.

아프로디테는 잠깐 동안 둘을 물끄러미 내려다보았다. 그러고는 인상을 슬쩍 찌푸렸다.

"이건 인간이 할 수 있는 일이 아니었어. 누군가 도와준 게 분명해. 대체 누구지?"

에로스는 어제부터 지금까지 산꼭대기 신전에 묶여 있었다. 아프로디테가 프시케와 레나를 데리고 간 뒤 몰려온 신들에게 상황을 설명해야만 했던 것이다. 아프로디테는 복잡한 생각을 떨쳐 버리려는 듯 고개를 휙휙 저었다. 그리고 프시케와 레나를 깨웠다.

"야, 일어나."

"우웅- 졸려 죽겠는데 누구…… 아프로디테!"

프시케와 레나는 몇 번 몸을 뒤척이다가 자신들을 깨우는 사람이 아프로디테라는 사실을 깨닫자마자 벌떡 일어났다. 그러고는 그보다 더 빠르게 다시 바닥에 주저앉았다.

"꺄옥! 내 허리!"

"으으! 쥐…… 쥐났어."

"나 참, 젊디젊은 애들이 체력이 그게 뭐니?"

아프로디테는 바닥을 뒹구는 두 소녀를 보며 콧방귀를 뀌었다. 그리고 양손으로 각각 레나와 프시케의 뒷덜미를 덥석 잡고 강제로 일으켜 세웠다.

"그럼 두 번째 시험을 치르러 가 볼까?"

"그런 법이 어딨어요? 머슴도 밥은 주고 일을 시킨다고요. 밥 주세요, 밥!"

"여기서는 내 말이 곧 법이야. 잔소리 말고 따라와."

씨익 웃는 아프로디테의 미소는 동화 속에 나오는 사악한 마녀의 미소 그 자체였다. 프시케가 힘없이 물었다.

"두 번째 시험은 뭔가요?"

"첫 번째보다 훨씬 쉬워. 황금 양털을 가져오면 된단다. 그걸로 숄을 만들 거거든. 잊지 말아야 할 것은 모든 양들의 털을 조금씩 다 가져와야 한다는 거야."

깊숙한 함정을 파 둔 악당처럼 반짝이는 아프로디테의 눈빛을 보며 레나는 두 번째 시험 역시 결코 만만치 않을 것임을 예상했다.

딱!

동시에 아프로디테가 손가락을 튕겼다. 레나와 프시케는 다시 한 번 보이지 않는 강력한 힘에 의해 어디론가 날아가기 시작했다.

털썩!

에로스와 프시케

레나와 프시케가 떨어진 곳은 푸른 초원이었다. 하얀 울타리가 빙 둘러진 드넓은 초원에는 보드라운 풀들이 길게 자라나 있었고, 야트막한 강물이 그 옆을 지나고 있었다.

양들은 초원 울타리 안 여기저기에 흩어져 풀을 뜯고 있었다. 레나가 말했다.

"정말 황금색이네."

레나의 말대로 초원 위에 흩어진 양들의 털은 아프로디테의 머리카락만큼이나 짙은 황금색이었다. 프시케는 초원 위에 흩어져 여유롭게 풀을 뜯는 양들을 눈으로 훑어본 뒤 말했다.

"한 삼십 마리쯤 되나? 수백 마리쯤 되는 줄 알았더니 별로 많지 않네. 얼른 시작하자."

프시케는 두 팔을 걷어붙이고 가장 가까이에 있는 양에게 다가갔다. 양은 낯선 이가 다가오자 겁을 먹은 듯 두어 걸음 물러섰다.

"착한 양아, 널 해치려는 게 아니야. 그냥 털 몇 가닥만 주면 돼."

프시케는 가위를 들고 한 발짝 양에게 다가갔다.

"야, 그래서 어느 세월에 저 많은 양들 털을 다 깎아? 내가 잡을 테니까 네가 깎아라."

레나가 성큼성큼 양에게 다가갔다. 그러자 양이 고개를 번쩍 들고 메~ 하며 짧고 높게 울었다. 그것이 신호라도 된 듯 모든 양들이 풀 뜯는 것을 멈추고 합창하듯 일제히 울음소리를 냈다.

"어라? 양들 뿔이……."

"커지는데?"

레나와 프시케가 동시에 말했다. 신기하게도 양의 귀 옆에 둥글게 말려있던 앙증맞은 두 개의 뿔이 위로 솟아나듯 펼쳐지더니 쑥쑥 커졌다.

"저거 양 맞아? 눈이 막 빨개지는데?"

"일단 도망쳐!"

프시케와 레나가 뒤로 빙글 돌아 달리기 시작한 순간, 양들이 추격을 시작했다. 뾰족한 뿔을 앞세우고 거친 숨을 내쉬며 풀밭 위를 내달리는 양은 투우사를 뒤쫓는 황소보다 더욱 흉포했다. 힐끔 뒤를 돌아본 레나는 눈앞에 보이는 강물을 보고 소리쳤다.

"강물로 뛰어들어!"

풍덩-!

넓은 갈대밭이 펼쳐진 강바닥은 진득한 진흙이었다. 하지만 잔뜩 성이 난 양들을 피하려면 다른 수가 없었다.

"어쩐지. 아프로디테가 쉬운 일을 시켰을 리가 없어."

레나와 프시케는 시커먼 뻘을 잔뜩 뒤집어 쓴 채 강물에서 걸어 나왔다.

"더러워."

"냄새나."

양들은 다시 얌전히 풀을 뜯고 있었다. 하지만 레나나 프시케 둘 모두 함부로 다가가지 못했다. 한참동안 풀밭을 이리저리 빙빙 돌던 레

나가 말했다.

"미끼를 써 보자."

"미끼?"

"관심을 다른 데로 돌리는 거지. 그 사이에 털을 깎자고."

"통할까?"

"안 통해도 해 봐야지."

레나는 치마를 길게 찢어 긴 끈을 만들었다. 프시케 역시 치마를 가늘고 길게 찢었다. 그렇게 만들어진 끈으로 레나와 프시케는 양들이 좋아할 만한 풀과 꽃을 한데 묶었다. 그리고 자신들의 옷 여기저기에도 풀과 꽃을 꽂았다. 한참동안 관찰한 결과 양이 특별히 좋아하는 풀과 꽃이 있다는 사실을 알아낸 것이다.

"제발 낚여라…… 낚여라……."

레나는 제일 가까이 있는 양에게 긴 끈에 연결된 꽃다발을 던졌다. 양은 몇 번 코를 킁킁거리다가 꽃냄새를 맡고는 가까이 다가오기 시작했다.

"걸려 들어쓰~"

레나는 천천히 뒷걸음질을 했다. 양 역시 꽃 냄새를 따라 한 발짝 한 발짝 걷기 시작했다. 그리고 그 뒤를 프시케가 천천히 따라왔. 숨까지 참으며 다가온 프시케는 마침내 양의 꼬리에서 황금빛 털 몇 가닥을 잘라낼 수 있었다.

서걱!

"꺄악! 성공!"

프시케가 환호성을 지르는 것과 동시에 양이 돌아섰다.

"어머, 나의 실수."

"뭘 멍하니 서 있어? 튀어!"

7장
저승의 여왕에게로

"황금양의 털이라뇨? 그 양이 얼마나 난폭한데요? 하급 신들도 발굽에 채여 다치기 일쑤인 걸 잘 아시잖아요. 게다가 그 애들은 인간이에요."

에로스는 아프로디테의 말에 깜짝 놀란 듯 눈을 크게 떴다. 반면 아프로디테는 태연히 고개를 끄덕였다.

"그 평범한 인간들이 내가 낸 첫 번째 시험을 아주 가뿐히 통과하더라고. 그것도 네 도움도 받지 않고. 그래서 두 번째는 조금 더 어려운 걸 준비했지."

에로스는 당장이라도 벌떡 일어나려다가 아프로디테의 날카로운 눈초리에 다시 의자에 앉고 말았다.

"도와줄 생각은 말아라. 네가 나서는 순간 프시케는 영원히 널 만날 수 없게 될 거야."

아프로디테는 아름다움의 여신이었지만 그 성품까지 아름다운 것은 아니었다. 에로스가 말했다.

"어머니, 전 황금 화살에 찔렸어요. 그게 무슨 뜻인지 잘 아시잖아요? 전 프시케를 사랑하게 되었다고요. 프시케 역시 저를 사랑하고요. 게다가 프시케는 저 때문에 그 누구의 사랑도 받을 수 없는 몸이 되었어요. 당연히 저와 결혼해야 해요."

"그걸 왜 네가 책임져? 그 애의 매력이 필요했던 건 나야. 내가 신녀로 받든 요정으로 만들어 주든 하면 돼."

"대체 왜 그렇게 반대를 하세요? 어머니가 뭐라고 하셔도 전 프시케를 내버려 두지 않을 겁니다."

에로스는 그렇게 말하고 자리를 박차고 일어났다. 에로스가 떠나자 아프로디테는 작게 한숨을 쉬며 물컵을 들여다보았다.

"이게 다 널 위한 거야, 이 순진한 아들아. 프시케 스스로가 최소한 신들과 어울릴 자격이 있다는 걸 증명하지 않으면 올림포스의 수다쟁이 신들이 그 애를 가만둘 것 같아?"

놀랍게도 투명하던 물컵 안의 물 위에는 푸른 초원과 그 초원을 이리저리 뛰어다니는 레나와 프시케가 보였다. 둘 다 온몸에 진흙을 묻히고 드러난 팔뚝에는 양의 뿔에 들이받혔는지 시퍼런 멍이 들어 있었다.

"크크, 둘 다 열심히 하고 있네."

아프로디테는 알고 있었다. 자신뿐만 아니라 올림포스의 거의 모든 신들이 자신과 비슷한 방법으로 레나와 프시케를 지켜보고 있을 것이란 사실을.

"근성을 보여 줘. 안 그럼 곤란하다고."

"아윽! 이제 몇 마리 남았냐?"

"대충 절반쯤?"

"좀 쉬었다 할까?"

"내 말이 바로 그거야. 더 이상 서 있지도 못하겠어."

레나와 프시케는 풀밭 위에 벌렁 드러누웠다. 얼굴이며 팔에는 말라붙은 진흙이 덕지덕지 묻어 있었고, 옷은 거의 넝마에 가까웠다. 양에게 깨물리고 뿔에 들이받힌 몸은 욱신거리지 않는 곳이 없었다. 하지만 고생한 보람은 있었다. 프시케의 치맛단을 뜯어 만든 보자기에는 황금 양털이 수북이 담겨 있었던 것이다.

"거기 누구요? 누군데 남의 양들을 괴롭히는 거요?"

그때 누군가의 놀란 듯한 목소리가 들렸다. 프시케와 레나는 일어나 앉지도 못한 채 고개만 간신히 돌려 그쪽을 바라보았다. 말을 건넨 사람은 흰 수염을 덥수룩하게 기른 양치기였다. 프시케가 끙, 소리를 내며 일어났다.

"죄송해요, 할아버지. 제가 사정이 있어서 저 양들의 황금털이 필요해요. 많이는 아니고 아주 조금씩만 가져갈게요."

프시케의 말에 양치기는 엉망진창이 된 레나와 프시케, 그리고 프시케가 들고 있는 보자기를 쳐다보았다.

"그래서 직접 털을 잘랐다고? 저 양들 성질이 보통이 아닌데?"

레나가 격하게 고개를 끄덕였다.

"여러 번 죽을 뻔했죠."

레나는 양들을 유인하기 위해 썼던 유인작전과 위장술, 그리고 눈물 없이는 들을 수 없는 추격전을 자랑 반 푸념 반 섞어 늘어놓았다. 레나의 말이 다 끝난 뒤 양치기는 숨이 넘어갈 듯 웃어댔다.

"푸하하하! 그래서 한 명이 미끼를 던져 양을 유인하면 다른 한 명이 뒤따라가면서 털을 깎았다고? 그 방법이 통하디?"

레나가 뿌루퉁하게 말했다,

"통했으니까 저만큼이나 모았죠. 물론 도중에 눈치 채고 달려온 양들도 있기는 했지만…… 아, 그만 좀 웃어요. 남의 불행이 곧 할아버지의 행복은 아니잖아요."

"하하하하! 미안. 이아손이나 헤라클레스처럼 통째로 양을 잡는 사람은 봤어도 너희처럼 기발한 방법으로 양털을 깎는 사람은 처음 봐서. 그래, 어디 보자. 정말 많이 모았구나."

양치기는 레나의 말이 끝난 뒤에도 한참을 웃다가 말했다. 그리고는 빤히 프시케와 레나의 얼굴을 들여다보았다.

"왜, 왜요?"

"바보들이라는 게 바로 이렇게 생긴 거구나 싶어서."

"뭐예요?"

"할아버지!"

레나와 프시케가 동시에 외쳤다. 양치기는 피식거리며 초원을 빙 둘러친 울타리를 가리켰다.

"저 울타리 보이지?"

"당연히 보이죠. 그나마 저것 때문에 양한테 밟혀 죽는 건 피했다고요."

"울타리 중에서 저기 가장 크고 튼튼한 기둥 보이니? 저 기둥은 다른 기둥들과 달리 손질을 하지 않아서 딱딱한 나무껍질과 잔가지가 그대로 붙어 있단다."

레나는 갑자기 엉뚱한 얘기를 꺼내는 양치기를 빤히 바라보았다. 양치기가 빙긋 웃으며 말을 이었다.

"양들은 하루에도 몇 번씩 저 기둥에 몸을 비비곤 해. 벌레들을 떼어내기 위해서 말이야. 당연히 저 나무 기둥에는 모든 양들의 털이 다 걸려 있지."

양치기의 말에 레나와 프시케는 입을 쩍 벌렸다. 그리고 언제 피곤했냐는 듯 양치기가 말한 울타리 기둥으로 달려갔다. 그의 말대로 유독 굵고 단단한 껍질이 있는 기둥과 그 주변에는 황금빛이 도는 양털들이 수북이 쌓여 있었다.

"헉~ 대박이다. 그럼 우리 괜히 헛짓을 한 거야? 진짜 허무하네. 그냥 빗자루 하나만 있으면 되는 시험이었잖아."

프시케는 기둥에 붙어 있는 양털과 바닥에 떨어진 양털을 한 움큼

집어 들었다. 그리고 유심히 살펴보다가 허공으로 던져 버렸다. 양털은 바람을 타고 민들레 홀씨처럼 사방으로 흩어졌다.

"이건 안 돼."

"아니 왜?!"

"떨어진 지 오래돼서 윤기가 하나도 없잖아. 게다가 색도 거의 다 사라졌어. 이건 그냥 평범한 양털보다 못해. 아프로디테님이 바란 건 이런 쓸모없는 양털이 아니야."

프시케의 말에 레나는 울상이 되었다.

"그럼 저 무시무시한 양들 뒤를 또 쫓아다녀야 하는 거야? 내가 못 산다, 못살아."

말과는 달리 레나는 벌써 풀을 한 움큼 뽑아서 머리카락 사이에 엮어 넣었다. 자기가 봐도 울타리에 걸린 양털은 너무 상태가 좋지 않았다. 좋게 말하면 털 뭉치요, 나쁘게 보면 먼지덩어리로 보일 정도였다.

"전학 오고부터 내 팔자가 그렇지 뭐. 가자."

"애들아, 잠깐만."

양치기는 마치 전설 속의 괴물과 마주하는 듯이 비장한 얼굴로 울타리를 넘어가려는 레나와 프시케를 보며 피식 웃었다. 그리고 둘을 불러 세웠다.

"왜요? 우리 시간 없거든요?"

레나가 뚱한 얼굴로 돌아보았다. 양치기는 피식 웃으며 말했다.

"곧 해가 질 텐데 그때까지 기다리지 그러냐?"

"왜요? 해가 지면 저 괴물들이 얌전해지기라도 하나요?"

뜻밖에도 양치기는 고개를 끄덕거렸다.

"양도 밤에는 잠을 자거든."

레나와 프시케는 눈을 동그랗게 뜨고 서로를 바라보았다. 그리고 동시에 외쳤다

"그런 건 일찍 알려 주셔야죠!"

해가 지자 양치기가 말한 대로 양들은 거짓말처럼 얌전해졌다. 프시케와 레나는 그럼에도 불구하고 발소리를 죽여 가며 미처 자르지 못한 양털을 잘라 모았다. 모든 양들의 털을 자르고 다시 울타리 밖으로 나오는 데 성공한 레나와 프시케는 이슬이 내린 풀밭 위에 털썩 걸터앉았다.

"진짜 끝났다."

프시케가 긴 한숨을 쉬는 바로 그 순간 그녀의 앞에 아프로디테가 사뿐 내려앉았다. 레나는 이제 놀라지도 않는지 태연히 아는 체를 했다.

"하여튼 동작도 빠르시지. 우리 머리 위에 감시 카메라 달아 놓으셨어요?"

레나와 달리 프시케는 피곤한 몸을 억지로 일으켜 아프로디테 앞에 무릎을 꿇고 앉았다. 그리고 두 손으로 양털이 담긴 보자기를 바쳤다.

보자기에 담긴 소복하고 보드라운 양털은 진짜 황금인 양 영롱하게 반짝였다.

"예쁘구나."

프시케가 조심스럽게 물었다.

"그럼 두 번째 시험도 통과한 건가요?"

아프로디테는 마지못해 고개를 끄덕였다.

"그래. 하지만 너무 좋아하진 마. 아직 마지막 시험이 남았으니까. 그리고 그 시험은 아마도 가장 위험한 시험이 될 거다."

"당연히 그러시겠지. 심술쟁이."

레나가 조그맣게 투덜거렸다. 하지만 여신인 아프로디테가 그 목소리를 알아듣지 못할 리가 없었다. 아프로디테가 눈썹을 위로 치켜떴다.

"어쭈? 여신이 앞에 있는데 아직도 바닥에 앉아 있을 배짱은 어디서 나오니? 어서 안 일어나?"

"아파……!"

아프로디테가 어깨를 움켜잡는 순간 레나는 비명을 질렀다. 그제야 아프로디테는 레나가 일어나지 않은 것이 아니라 일어날 수 없었다는 사실을 알아챘다.

"인간, 너 어디 다쳤어? 옷 좀 치워 봐."

프시케도 깜짝 놀라 레나에게 달려왔다. 풀밭 위에 누워 비명을 참고 있는 레나의 온몸은 식은땀으로 푹 젖어 있었다. 프시케는 옆구리를 움켜쥔 레나의 손을 조심스럽게 치워 보았다. 그러자 붉은 피로 물든 옷이 보였다. 옷을 들추자 여기저기 양의 발굽에 차여 시커멓게 멍든 자국이 보였다. 상처는 옆구리에 큼직하게 자리 잡고 있었다.

"레나 너, 양의 뿔에 찔렸어? 언제?"

"아까 양치기 아저씨가 나타나기 직전에."

"그럼 반나절이나 이러고 있었단 거잖아. 왜 말 안 했어?"

"내가 다쳤다고 하면 너 혼자 저 괴물 같은 양들의 털을 깎아야 하니까. 그럴 수는 없지. 더구나 이 모든 일이 나 때문에 벌어진 일인데."

파랗게 질린 얼굴로 레나는 힘들게 웃었다. 그리고 힐끗 아프로디테를 올려다보았다.

"그리고 저기 도도하신 아프로디테님이 못되긴 했어도 사람이 다 죽어 가는데 그냥 보고만 있을 분은 아니거든. 그렇죠?"

말을 끝내자마자 레나는 기절하고 말았다. 아프로디테는 고개를 절레절레 저었다.

"영악하긴. 그래, 널 죽게 내버려두지는 못하지. 온갖 신들이 다 나만 쳐다보고 있을 테니까."

아프로디테는 품에서 작은 약병 하나를 꺼냈다. 그리고 레나와 프시케의 입술에 방울씩 떨어뜨렸다. 쓰디쓰면서도 동시에 달콤한 약은 순식간에 둘의 입 안으로 흘러들었다. 그러자 프시케는 신기하게도 온몸이 날아갈 듯 가벼워지는 기분이 들었다. 아니, 그것은 기분뿐이 아니었다. 실제로 프시케의 몸에 난 크고 작은 상처들이 씻은 듯 사라졌던 것이다. 그것은 레나 역시 마찬가지였다. 다만 레나의 옆구리에 난 상처만큼은 깨끗이 사라지지 않고 여전히 붉은 핏물이 배어 나왔다.

"얜 아무래도 내가 좀 데려가야겠다."

아프로디테는 무겁지도 않은지 한 손으로 정신을 잃은 레나를 안아 들었다. 프시케는 고개를 끄덕였다.

"레나는 이미 저를 충분히 도와주었어요. 세 번째 시험은 저 혼자 치르겠습니다."

아프로디테는 결연하고도 담담한 태도를 보이는 프시케를 보다가 피식 웃었다.

"너도 일단 좀 씻어라. 더 이상은 냄새나고 더러워서 못 데리고 다니겠다."

프시케는 그제야 자신이 진흙과 먼지로 엉망이라는 사실을 깨달았다.

"아, 죄송……."

따악!

프시케의 말이 끝나기도 전에 아프로디테가 손가락을 튕겼다. 그러자 프시케의 모습은 지운 듯 사라졌다.

프시케를 어디론가 보낸 아프로디테가 뒤도 돌아보지 않고 말했다.

"이제 나오지 그러니?"

아프로디테의 말에 울타리 그림자에서 누군가 천천히 걸어 나왔다. 아프로디테는 그쪽으로 돌아서다가 상대방의 얼굴을 보고는 와락 얼굴을 찌푸렸다.

"양치기가 뭐니? 양치기가. 너 내 아들 맞아?"

"이 풀밭으로 와야 하는데 그럼 뭐로 변장을 해요? 레나와 프시케에게 양떼와 씨름하라고 시키신 건 어머니잖아요."

툴툴거리는 동안 양치기의 얼굴은 전혀 다르게 바뀌었다. 먼지 묻은 머리는 짙은 갈색으로, 탁한 눈동자는 검은빛으로. 그는 바로 에로스였다.

에로스는 아프로디테가 입을 열기 전에 먼저 말했다.

"그리고 제가 도와준 거 아니에요. 울타리에 걸린 양털을 가지고 가라고 했는데도 싫다고 한 거 다 보셨죠?"

"하지만 밤이 되면 양이 잔다는 걸 알려 주긴 했지. 더 정확히 말하자면 너와 네 그 말썽쟁이 친구가 재워 버린 거지만."

아프로디테가 날카로운 눈으로 갈대밭을 주시했다. 그러자 부스럭거리는 소리와 함께 제피로스가 머쓱하게 웃으며 걸어 나왔다.

"하하하! 제가 저기 있는 줄 어떻게 아셨어요?"

"네 요란한 바람 소리는 세상 끝에서도 들을 수 있다. 에로스, 제발 제피로스랑 좀 놀지 마."

"제가 아니면 이 심각한 애한테 누가 유머라는 걸 가르치겠어요?"

제피로스는 넉살 좋게 웃었다. 아프로디테는 머리가 지끈거리는 듯 고개를 설레설레 흔들었다.

"그런데 프시케는 어디로 보내셨어요?"

"내 집 목욕탕으로 보냈다. 안 빠져 죽었으면 아마 깨끗해지겠지."

아프로디테는 문득 아직도 한 팔로 안고 있는 레나를 힐끗 내려다보았다.

"아으…… 이 인간도 만만치 않게 더러운데 왜 들고 있었지? 받아."

휘익-!

아프로디테는 레나를 제피로스에게 던졌다. 제피로스는 재빨리 바람을 일으켜 레나의 몸을 허공에 멈추게 했다. 그리고 천천히 자신 쪽으로 당겨왔다.

하지만 그 순간 에로스가 재빨리 제피로스의 앞으로 끼어들었다. 자연스럽게 레나는 에로스의 팔로 내려앉았다.

순간 아프로디테와 제피로스는 의아한 눈으로 에로스를 쳐다보았다. 하지만 지금 이 순간 가장 당황한 것은 에로스 자신이었다.

'도대체 내가 왜 얘를 받아든 거지?'

에로스는 자신의 품 안에서 죽은 듯 잠들어 있는 레나를 가만히 내려다보았다. 진흙이 말라붙은 얼굴은 전혀 예쁘지 않았다. 하지만 지금 에로스의 눈에는 그런 레나가 강의 요정보다 더 예뻐 보였다. 그의 심장이 결혼식 아침 프시케와 마주 섰던 그 순간처럼 쿵쾅거렸다.

"친구를 너무 못 믿는 거 아냐? 이래봬도 내가 바람의 신이야. 신부 들러리는 신랑 들러리가 챙겨야지."

제피로스가 에로스의 어깨를 가볍게 툭 쳤다. 그제야 에로스는 복잡한 생각에서 깨어났다.

"아, 미안. 레나 얘는 좀 특이해서 혹시나 중간에 떨어질까 봐."

다행히 제피로스와 아프로디테는 순순히 고개를 끄덕였다.

"하긴 내 샘물도 아무 효과가 없었지."

"특이하긴 하지. 나 같은 미남을 봐도 한눈에 반하지 않는 걸 보면. 아하하~ 농담이야. 정색하지는 마. 무안하게."

제피로스는 씨익 웃으며 에로스의 코앞에 바싹 다가섰다. 그리고 알 듯 모를 듯 묘한 표정을 지었다.

"이제 신부 들러리는 내가 모셔 가도록 할까? 남들이 보면 네가 사랑에 빠진 상대가 프시케가 아니라 레나라고 착각할 수도 있으니까."

제피로스의 말에 에로스는 눈에 띄게 당황하며 레나를 넘겨주었다. 제피로스는 레나를 두 팔로 가볍게 안아들었다. 그리고 자못 사랑스럽다는 듯 내려다보았다.

"볼 때마다 진짜 귀엽단 말이야. 너도 인간이랑 결혼하는데 나도 얘랑 확 사귀어……."

드르렁~ 푸후~

순간 아프로디테와 에로스, 그리고 제피로스의 시선이 일제히 레나에게로 쏠렸다. 제피로스가 믿어지지 않는다는 얼굴로 말했다.

"야, 홍레나, 너 설마 지금 코 곤 거야?"

에로스와 아프로디테가 동시에 커다란 웃음을 터뜨렸다.

"푸하하하! 진짜 대단한 애야. 잘 사귀어 보든가."

"크크크. 서풍의 신을 침대 취급하는 인간이 있을 줄 몰랐다. 너랑 잘 어울리네."

제피로스는 울상이 되어 고개를 흔들었다.

"둔한 여자는 절대 싫어요. 전 곰보다 여우 스타일이 좋다고요. 얘 어디다 데려다 놔요?"

아프로디테는 한참동안 깔깔거리다가 눈물까지 닦으며 말했다.

"내 집에 데려다 놔."

다음 날 아침, 프시케는 눈을 뜨자마자 레나를 찾았다. 어젯밤 난데없이 연못만큼이나 커다란 목욕탕으로 떨어진 뒤로 통 보이지 않았기 때문이었다. 다행이도 레나는 다른 쪽 침대에서 곤히 잠들어 있었다. 어찌나 편하게 자고 있는지 숨소리가 고르다 못해 작게 코까지 고는 레나의 모습을 본 프시케는 빙긋 미소를 지었다. 이곳이 아프로디테의 집이라는 사실에 프시케는 잠도 제대로 이룰 수가 없었다. 그런 프시케의 눈에 자기 집보다 더 편하게 잠들어 있는 레나는 신기하다 못해 존경스럽기까지 했다. 에로스나 아프로디테, 제피로스를 대하는 레나의 태도는 더욱 놀랍기만 했다. 레나는 신과 인간을 똑같이 대했다. 믿어지지 않게도 신들 역시 레나에게서 존경심이나 경외감을 기대하지 않았다.

"넌 진짜 이상한 애야. 너 때문에 고생을 하기도 했지만 그만큼, 아니 그 이상으로 너와 함께 있는 모든 순간들이 꿈처럼 멋진 경험이야."

프시케는 슬쩍 레나가 덥고 있는 이불을 걷어 보았다. 레나의 옆구리에는 두툼한 붕대가 칭칭 감겨 있었다. 프시케는 다시 가만히 이불을 덮어 준 뒤 천천히 방을 나섰다.

꽃으로 장식된 복도를 한참이나 걸어간 끝에 프시케가 도착한 곳은 거대한 폭포가 한눈에 보이는 테라스였다. 아프로디테는 하늘거리는 드레스를 입은 채 기다란 의자에 비스듬히 누워 있었다.

"마지막 시험 문제를 내 주십시오."

프시케는 숨을 크게 들이쉰 뒤 말했다. 아프로디테는 그제야 천천히 일어나 앉았다.

"심부름을 하나 해 주면 돼. 내가 필요한 걸 다른 여신이 가지고 있거든."

"심부름? 그게 다예요?"

마음의 준비를 단단히 하고 있던 프시케는 너무나도 간단한 마지막 시험에 깜짝 놀라 되물었다. 아프로디테가 씩 웃었다.

"그 상대는 바로 페르세포네란다."

아프로디테의 말에 프시케는 그 자리에 풀썩 주저앉고 말았다. 페르세포네는 저승의 안주인이었던 것이다.

"그 말씀은 저에게 저승으로 가라는……."

"페르세포네가 상자 하나를 내줄 거야. 오늘 안에 그걸 나에게 가져오면 돼."

다른 때와 달리 아프로디테는 프시케를 보내는 대신 스스로 자리를 떴다. 홀로 남은 프시케는 절망의 탄식을 터뜨렸다.

"아아…… 아프로디테님은 절대 나와 에로스님의 결혼을 허락하지 않을 생각이시구나. 차라리 첫 번째 시험에서 실패하는 게 나을 뻔했어. 아니면 두 번째 시험에서 사나운 양의 뿔에 심장을 찔리는 편이

나왔어."

 눈물이 끊임없이 흘렀다. 비틀거리며 프시케는 천천히 아프로디테가 앉아 있던 의자 쪽으로 다가갔다. 테라스 너머로 거친 폭포가 고대의 괴물처럼 거칠게 울부짖으며 지옥까지 이어질 듯한 까마득한 절벽 아래로 떨어져 내렸다. 프시케는 그 웅장하면서도 슬픈 광경을 홀린 듯 보다가 테라스의 난간 위로 올라섰다. 프시케의 마음속에는 두 가지 생각뿐이었다. 다시는 에로스를 만날 수 없다는 슬픔과, 이 순간 레나가 자신 곁에 없어서 다행이라는 안도감. 프시케는 두 눈을 감았다.

 "떨어지면 그대로 죽는다는 거 알지?"

 그때 등 뒤에서 누군가의 음성이 들렸다. 위험한 순간마다 끼어들어 이제는 익숙한 목소리였다.

 "제피로스님……."

 프시케는 천천히 뒤로 고개를 돌렸다. 제피로스는 조금 전 프시케가 아프로디테를 바라보았던 바로 그 자리에 서 있었다.

 "왜 죽으려고 하지? 이제 마지막 시험만 통과하면 그토록 바라는 사랑을 얻게 되잖아?"

 "아프로디테님이 저에게 저승으로 가라고 명령하셨으니까요."

 "그럼 다녀오면 되지 뭐가 문제야?"

 "다녀오라고요? 전 인간이에요. 일단 저승에 가면 돌아올 수가 없다구요."

"인간도 돌아올 수 있어. 헤라클레스라는 무식한 인간은 하데스의 개까지 끌고 돌아왔잖아."

"그는 영웅이잖아요. 전 평범한 소녀라고요."

절망하는 프시케는 꺾인 꽃처럼 보였다. 제피로스는 그런 프시케를 위로하려는 듯 가까이 다가와 빙긋 웃었다.

"에로스의 사랑을 받고 제피로스의 친구인 네가 평범하다고? 절대 그렇지 않아. 내가 도와줄 테니까 아무 걱정 마."

제피로스의 말에 프시케는 비로소 눈물을 닦았다.

"어떻게 하면 되죠?"

"저승까지는 내가 데려다 주지. 아주 편안하게 말이야. 그리고 아마 이게 필요할 거야."

제피로스는 프시케에게 두 개의 주머니를 주었다. 한 쪽에는 은화 두 닢이, 다른 쪽에는 사과 몇 개가 들어 있었다. 제피로스가 다시 말했다.

"그리고 심부름을 마치고 다시 돌아올 때는 이걸 바닥에 던져서 깨뜨려. 그럼 내가 데리러 갈게. 아니면 에로스 녀석을 보내든지."

프시케는 제피로스가 건네는 작고 파란 보석을 조심스레 주머니에 넣었다. 제피로스가 말했다.

"마음의 준비는 다 됐어?"

"네."

고개를 끄덕인 프시케가 문득 제피로스에게 물었다.

"그런데 왜 당신은 아프로디테님의 분노를 살지도 모를 위험을 무릅쓰면서 날 도와주죠? 서풍의 신은 변덕스러운 장난꾸러기잖아요."

제피로스는 진실한 미소를 지었다. 그를 만난 뒤 처음 보는 듯 잔잔하면서도 진한 미소였다.

"에로스가 행복하길 바라니까. 나의 하나뿐인 친구에게 당신은 첫사랑이거든. 사랑의 신이 이제야 첫사랑을 한다니 웃기게 들리겠지만 그게 사실인 걸 어쩌겠어."

제피로스는 쑥스러운 듯 슬쩍 콧등을 붉혔다. 그리고는 히죽 웃더니 프시케의 어깨를 꽉 잡았다.

"그럼 낯간지러운 소리는 그만 두고 출발해 볼까?"

말이 끝나자마자 제피로스는 프시케를 그대로 난간 밖으로 확 떠밀어 버렸다.

"으아아아악!"

까마득한 절벽 아래로 떨어지며 프시케가 비명을 질렀다. 하지만 아래로 추락하는 프시케의 속도는 점점 느려졌다.

"고마워요, 제피로스님! 에로스님 다음으로 사랑해요~"

프시케는 바람에 실려 가며 큰 소리로 외쳤다. 바람결 사이로 제피로스의 웃음이 들리는 듯한 착각이 들었다.

"잘 다녀와."

프시케가 떨어진 절벽 아래를 물끄러미 내려다보고 있던 제피로스가 조용히 중얼거렸다. 초록색 머리색이 갈색으로 물들기 시작하더니 눈 깜빡할 사이 그는 에로스로 변했다.

"너무 위험한 거 아니야? 아프로디테님의 집에서 프시케를 도와주다니. 걸리면 프시케는 바로 탈락이라는 거 몰라?"

에로스가 뒤를 돌아보았다. 그러자 아프로디테가 누워 있던 긴 의자에 비스듬히 누워 있는 진짜 제피로스가 보였다.

"괜찮아. 세상의 모든 곳을 볼 수 있는 어머니지만 단 한 곳, 이 집 안만큼은 엿볼 수 없거든."

아프로디테는 헤라와 사이가 좋지 않았다. 그래서 아프로디테는 헤라가 자신의 약점이나 흉한 모습을 엿보지 못하도록 집 전체에 거대한 마법을 걸어 두었던 것이다. 그 마법 덕분에 헤라를 비롯한 그 누구도 아프로디테의 집 안을 살펴보지 못했다. 마법을 건 아프로디테 본인조차도. 에로스는 이것을 이용한 것이었다. 제피로스가 피식 웃었다.

"이런 경우를 두고 등잔 밑이 어둡다고 하는 거구나."

"프시케는?"

"잘 데려다 줬어. 너무 챙긴다, 너. 질투나려고 하네."

제피로스는 장난스레 웃고는 벌떡 일어났다.

"레나는 깼나? 심심하니까 개랑 놀아야겠다."

덥석!

에로스가 제피로스의 어깨를 와락 잡았다.

"레나는 아직 자고 있어. 생각보다 많이 다친 모양이더라고. 그리고 넌 나랑 갈 데가 있어."

"가다니 어딜?"

에로스는 머뭇거리다가 하늘을 가리켰다.

"올림포스?"

"더 정확히는 헤라님을 만나러 가는 거지."

헤라와 아프로디테는 온 세상이 다 아는 경쟁자였다. 제피로스는 심각하게 물었다.

"너 어디 아프지? 헤라님이 널 만나줄 것 같아? 아프로디테님의 아들인 너를?"

에로스가 말했다.

"하지만 헤라님은 모든 결혼을 축하해 줘야 할 의무가 있지. 그분이 축복한 결혼은 아무도 반대할 수 없어. 심지어 어머니도."

제피로스는 눈을 반짝이는 에로스를 보며 빙긋 웃었다.

"맞아. 헤라님은 결혼의 신이니까. 게다가 너희 어머님이 반대하는 결혼이라는 걸 알면 어떻게든 축복해 주겠지."

"바로 그거야."

에로스와 제피로스는 두 손을 맞잡았다. 다음 순간, 에로스의 등에는 새하얀 깃털로 만든 날개가, 제피로스의 등에는 투명한 바람으로 만든 날개가 각각 생겨났다. 단 한 번의 날갯짓으로 에로스와 제피로스는 까마득한 하늘 위까지 솟아올랐다.

 태양이 뜨지 않는 저승은 무척 어두웠다. 프시케는 희뿌연 안개 속을 발끝으로 더듬으며 앞으로 나아갔다. 프시케가 찾는 것은 강이었다.
 '페르세포네와 하데스의 집은 망각의 강 건너에 있다고 했어.'
 한참동안 안개 속을 헤매던 프시케의 눈앞에 마침내 망각의 강 스틱스가 나타났다. 죽은 자와 산 자의 세계를 완전히 단절시킨다는 스틱스 강은 넓고 깊었다. 프시케는 강물에 옷이 젖지 않도록 조심하면서 낡은 나루에 올라섰다.
 끼이익.
 얼마 지나지 않아 낡은 나룻배 한 척이 다가왔다. 긴 삿대를 잡은 늙은 뱃사공 카론은 나루에 배를 대자마자 대뜸 손을 내밀었다. 영원에 가까운 시간동안 스틱스 강을 오간 카론은 지치고 외로워 보였다. 프시케는 제피로스에게서 받은 주머니를 뒤져 은화 한 닢을 카론의 손에 쥐어주었다. 카론은 그제야 옆으로 비켜섰다.
 삐그덕!
 프시케가 올라서자 나룻배는 심하게 출렁거렸다. 죽은 사람보다 훨씬 무거운 프시케의 생명의 무게 때문이었다. 카론은 뜻밖이라는 듯 힐끗 프시케를 쳐다보았다. 하지만 그는 이내 다시 무뚝뚝한 얼굴로 돌아가 배를 몰았다.
 카론이 모는 나룻배는 넓고 넓은 스틱스 강을 천천히 가로질러 마침내 반대쪽 기슭에 도착했다. 프시케는 나루에 올라서서 카론에게 꾸벅 인사를 했다.

"고맙습니다. 돌아갈 때도 잘 부탁드릴게요."

카론은 이번에도 뜻밖이라는 듯 힐끗 프시케를 돌아보았다. 그리고 작게 웅얼거리듯 말했다.

"다시 내 배를 타고 싶으면 하데스의 집에서 아무것도 먹지 마라."

영원히 침묵할 것만 같던 카론의 호의에 프시케는 깜짝 놀랐다. 그리고 조금 전보다 더욱 환하게 웃었다.

"명심할게요."

나루터를 지나자 거대한 문이 나왔다. 문은 활짝 열려 있었고, 그 뒤로 작지만 아름다운 저택이 보였다. 마침내 저승의 왕 하데스와 그의 부인 페르세포네의 저택에 도착한 것이다. 하지만 프시케는 선뜻 안으로 들어갈 수가 없었다. 문 앞에 선 한 마리의 개 때문이었다. 목줄도 묶여 있지 않은 그 개는 저승의 문지기 케르베로스였다. 머리가 세 개인 케르베로스는 프시케가 다가오자 그녀를 향해 날카로운 이를 드러내며 으르렁거렸다. 프시케는 노랗게 번뜩이는 여섯 개의 눈동자와 마주치자 온몸이 얼어붙는 듯했다. 머리카락이 거꾸로 서는 것 같았고 무릎이 후들거려 제대로 서 있기도 힘들었다.

'주머니!'

바로 그때 프시케는 제피로스에게서 받은 두 번째 주머니를 떠올렸다. 프시케는 주머니를 풀어 잘 익은 사과 하나를 꺼내들었다. 그리

고 천천히 케르베로스를 향해 다가갔다.

"착하지, 이거 줄 테니까 아주 잠깐만 얌전히 있어."

프시케는 맹수처럼 으르렁거리는 케르베로스 앞에 조심스럽게 사과를 내려놓았다. 그러자 케르베로스는 프시케는 쳐다보지도 않고 사과를 정신없이 깨물기 시작했다. 프시케는 그 틈을 놓치지 않고 열린 문 안으로 뛰어들었다.

"휴우! 살았다."

"어머, 사과 냄새가 난다 했더니 손님이 있었네."

프시케는 정원에서 다가오는 여인을 보며 눈을 휘둥그렇게 떴다. 머리를 느슨하게 틀어 올리고 간편한 옷을 입은 그녀는 전혀 여신처럼 보이지 않았다. 금방 딴 듯한 채소들을 한 아름 안은 그녀의 옷에는 흙이 묻어 있었고, 손은 거칠었다. 얼굴은 평범했고, 콧등에는 주근깨가 내려앉아 있었다. 얼핏 본다면 농부의 아내라고 해도 믿을 만큼 평범한 외모였다. 하지만 그녀에게서는 뭐라고 설명할 수 없는 기품이 풍겨 나왔다. 그녀가 바로 대지의 여신 데메테르가 가장 사랑하는 딸이자 하데스의 아내 페르세포네였다.

프시케는 잔뜩 언 목소리로 말했다

"위대한 여신이여, 저는 프시케……."

"프시케지? 나도 알고 있어. 아프로디테의 심부름 때문에 왔지?"

"예? 예에. 그렇기는 한데 어떻게 저를 아세요?"

"올림포스에서 넌 벌써 유명인사야. 너와 아프로디테의 내기는 올림포스에서 제일 뜨거운 관심사란다. 저승에까지 들려올 정도면 모든 신이 널 안다고 해야지."

페르세포네는 빙긋 웃으며 따라오라고 손짓을 했다. 프시케는 성큼성큼 앞서 걷는 여신의 뒤를 따라 집 안으로 들어갔다.

집 안은 바깥에 보던 것보다 더욱 소박했다. 페르세포네는 프시케에게 잠시 기다리라고 말한 뒤 서랍에서 작은 상자 하나를 꺼내 왔다. 붉은 칠을 한 상자는 단단한 나무로 만들어져 있었고, 사방에는 얇은 금속으로 만든 나비 문양이 붙어 있었다. 한눈에 봐도 진귀한 것이 들어 있는 보물 상자 같았다.

페르세포네는 그 상자를 프시케에게 건네주며 말했다.

"뭘 대접하고 싶지만 그러면 넌 다시는 이승으로 돌아갈 수가 없으니 그냥 보내야겠구나. 이게 바로 아프로디테가 가지고 오라고 한 물건이야."

"이게 뭔가요?"

호기심이 생긴 프시케가 물었다. 페르세우스가 빙긋 웃었다.

"아르포디테를 더욱 아름답게 만들어 줄 물약이란다. 헤라에게는 절대 안 주는 아주 특별한 물건이지. 아마 아프로디테가 무척 좋아할 거야."

그리고는 한 마디 덧붙였다.

"명심하렴. 아프로디테에게 전해 주기 전에 절대로 이 상자를 열어 봐서는 안 돼."

"명심할게요."

프시케는 고개를 끄덕이고 두 손으로 조심스럽게 상자를 안아 들었다. 이것만 가져다주면 마침내 아프로디테의 세 가지 시험을 모두 통과하는 것이다. 그리고 에로스와 결혼할 수 있다. 기쁨이 프시케의 온몸을 휘감았다.

페르세포네의 상자를 가져서인지 케르베로스는 문을 나서는 프시케를 향해 짖거나 으르렁거리지 않았다. 그 대신 그녀의 손에 들린 주머니를 애처로운 눈으로 쳐다보며 끙끙거렸다. 프시케는 킥킥 웃으며 남은 사과를 모두 케르베로스에게 주었다.

나루에 도착한 프시케는 남은 은전 한 닢으로 카론의 배를 타고 반대쪽으로 건너왔다. 카론은 여전히 무뚝뚝했지만 프시케는 다시 한 번 그에게 밝게 인사했다. 그리고 마침내 처음 저승에 도착했던 안개 속으로 걸어 들어왔다.

"이제 이 보석만 깨면 모든 시험이 끝나는 거네."

프시케는 주머니에 든 보석을 만지작거렸다. 하지만 보석을 깨뜨리는 대신 프시케는 품 안에 든 상자를 빤히 바라보았다. 프시케의 머릿속에는 결혼식 날 아침에 보았던 아름다운 에로스가 떠올랐다. 그와 어울리는 아름다움을 가지고 싶었다. 더불어 그에게 사랑받고 싶었다.

"난 매력도 잃어버렸잖아. 아프로디테님에게 갈 이 아름다움의 물약을 조금만, 아주 조금만 마시면 에로스님은 날 더욱 사랑해 줄 거야."

프시케는 한참 동안 고민하다가 결국 상자를 열었다. 상자 안에는 페르세포네가 말한 대로 투명한 물이 든 작은 병이 들어 있었다. 프시케는 조심스럽게 약병을 꺼내 들었다. 뚜껑을 열자 진한 향기가 코끝을 간질였다. 프시케는 투명한 물을 딱 한 방울 입 안에 떨어뜨렸다.

"하아암- 왜 이렇게 졸리지……."

약병의 뚜껑을 닫는 것과 동시에 프시케의 몸이 옆으로 기울어졌다.

털썩!

자욱한 안개 속에 프시케는 기절하듯 쓰러져 버렸다. 약병 속에 든 것은 다름 아닌 휘프노스, 즉 절대 깨지 않는 잠이었다. 잠든 그녀의

옆에는 휘프노스가 든 약병과 제피로스로 변한 에로스가 건네준 푸른 보석이 아무렇게나 나뒹굴었다.

"시킬 일이 없어서 그런 일을 시켜? 아주 대놓고 죽으라고 하지. 이 심술쟁이 아줌마 같으니!"

잠에서 깨어난 레나는 요정들로부터 프시케가 저승으로 갔다는 말을 전해 듣고는 한걸음에 아프로디테에게 달려갔다. 하지만 아프로디테는 어디에도 보이지 않았다. 대신 레나가 마주친 것은 에로스와 제피로스였다.

"에로스! 프시케가 지금……."

"저승에 갔다고?"

"알고 있어요?"

"우리가 도와줬으니 당연히 잘 알지. 너무 걱정 마. 이 시험은 프시케가 날 얼마나 사랑하는지를 증명하기 위한 거야. 프시케가 저승의 강을 건너는 순간 이미 시험에 통과한 것과 같아."

에로스와 제피로스의 말에 가슴을 쓸어내리던 레나는 문득 고개를 갸웃거렸다.

"그런데 저승까지 가서 가지고 와야 할 게 대체 뭐예요?"

"페르세포네님이 어머니에게 주는 특별한 아름다움이지."

"오오~ 일종의 화장품이라 이거지? 어쩐지. 그 아줌마, 다 화장빨이었구나. 그런 거라면 프시케도 조금 나눠서 쓰면 되겠네요."

레나의 말에 에로스는 정색을 했다.

"뭐? 그건 절대 안 돼."

"왜? 프시케가 예뻐지면 좋잖아."

"이 바보야. 저승의 주인이 내주는 아름다움은 바로 죽음처럼 깊은 잠이란 말이야. 신에겐 잠깐의 낮잠 정도지만 인간에겐 치명적이야."

"으아악! 여기 여신들은 뭐 이렇게 살벌해?"

레나는 기겁을 하며 어깨를 부르르 떨었다. 그리고 다시 물었다.

"그런데 프시케는 왜 아직 안 와요? 그 저승이라는 데가 멀어요?"

"아니. 사실은 우리도 기다리고 있는 중이야. 페르세포네님이 아까 보냈다고 연락을 주셨거든."

잠깐 동안 세 사람 사이에 침묵이 흘렀다. 그리고 셋은 동시에 소리쳤다.

"설마 프시케가 상자를 연 건 아니겠지?"

"여신처럼 예뻐진다는 말을 믿는다면 열 수도 있어."

"아으, 진짜 못살아!"

제피로스는 양손으로 각각 에로스와 레나의 손목을 낚아채듯 잡았다. 그리고 그대로 난간 아래로 떨어져 내렸다.

"꽉 잡아!"

"엄마아아아-!"

저승의 입구에 내려서자 레나와 에로스, 제피로스는 바닥에 쓰러진 프시케를 볼 수 있었다. 셋은 허겁지겁 프시케에게 달려갔다.

"프시케!"

가까이 다가간 레나가 울음 섞인 목소리로 외쳤다. 프시케의 상태는 심각했다. 얼굴빛은 유령처럼 창백했고 입술은 독약을 마신 듯 새까맸다. 손은 마치 죽은 사람처럼 싸늘히 식어 있었고, 심장 소리는 금방이라도 멈출 듯 미약했다. 레나는 프시케의 옆에 앉아 울음을 터뜨렸다.

"오, 안 돼."

에로스는 바닥에 떨어진 페르세포네의 물약을 보며 신음소리를 냈다. 제피로스가 말했다.

"난 가서 페르세포네님께 도움을 청할게. 에로스, 넌 올림포스에 가서 당장 헤라님을 모셔와. 너희 어머니도!"

"알았어. 레나, 우리가 돌아올 때까지 프시케를 부탁해. 하지만 절대로 프시케의 입술이나 저 약병에 손을 대면 안 돼. 너까지 죽음 같은 잠에 빠지고 말 거야."

제피로스와 에로스는 말이 끝나기도 전에 바람처럼 사라졌다. 레나는 초조하게 입술을 씹으며 프시케를 살펴보았다.

"프시케! 내 말 들려? 들리면 제발 좀 깨 봐. 너 이대로 죽으면 난 어떻게 해? 제발 눈 좀 떠."

레나의 간절한 목소리는 안타깝게도 프시케에게 전해지지 않았다. 프시케의 숨소리는 더욱 가늘어지기만 했다. 나중에는 그마저도 들리지 않자 레나는 입술을 질끈 깨물고는 프시케의 심장 위에 손을 대 보았다.

"멈췄잖아?! 어쩌지? 그래, 난 아프로디테의 샘물을 마셔도 아무렇지도 않았어. 에로스도 그랬잖아. 화살에 찔려도 아무렇지 않았다고. 그러니까 이것도 나한텐 안 통할 거야."

레나는 있는 대로 숨을 들이마셨다. 그리고 프시케의 입 안에 숨을 불어넣었다. 한 번, 두 번…… 그러기기를 몇 번이나 반복했을까. 기적처럼 프시케의 심장이 다시 뛰기 시작했다.

"휴, 다행이다. 나 아무래도 의사가 돼야 하나 봐. 근데 내 몸이 왜 이러지……."

가슴을 쓸어내리던 레나는 순간 힘없이 옆으로 쓰러졌다. 쓰러진 레나의 입술은 프시케처럼 까맣게 물들어 있었다.

파앗! 팟!

레나가 프시케의 옆으로 쓰러지는 순간, 두 사람의 주변으로 아프로디테와 페르세포네, 제피로스, 그리고 헤라와 에로스가 속속 나타났다. 아프로디테는 나란히 누운 레나와 프시케를 보며 얼굴을 찌푸렸다.

"열어 보지 말라는데도 기어코 열어 본 애나, 하지 말라고 신신당부를 했는데도 그 애를 살리겠다고 숨을 불어 넣은 애나 참 말 안 듣는다."

"잔소리하기 전에 사람부터 살리고 보자."

페르세포네는 손가락으로 프시케와 레나의 입술을 쓸어 만졌다. 그러자 검게 물들었던 입술이 서서히 원래의 색으로 변했다. 그렇게 다시 모은 잠을 페르세포네는 약병에 담았다.

"이런 건 직접 가지러 와. 애들 시키지 말고."

옆에 서 있던 헤라는 페르세포네와 아프로디테를 노려보다가 불쑥 말했다.

"치사하게 여태까지 아프로디테한테만 그걸 준 거야? 난 왜 안 주는데?"

에로스가 한숨을 푹 내쉬었다.

"지금 그게 중요한 게 아니잖아요. 다투시는 건 잠깐 멈추시면 안 돼요?"

에로스의 말처럼 프시케가 깨어나고 있었다. 헤라는 입술을 삐죽였지만 결국 한 발 뒤로 물러났다.

잠에서 깨어난 프시케는 주변에 둘러선 엄청난 신들을 발견하고는 자신이 저지른 죄가 얼마나 큰 것인지 깨달았다. 감히 여신의 아름다움을 훔치려 했던 것이다. 프시케는 절망하며 그 자리에 꿇어앉았다.

"아프로디테님, 죽여 주세요. 감히 제가……."

"됐어. 여자가 예뻐지고 싶은 거야 본능인데 어쩌겠니. 그리고 이번 시험은 네가 이걸 가지고 오느냐 아니냐가 아니라 네가 저승에 갈 정도로 에로스를 사랑하는지를 보는 거였어."

"예에? 그럼……."

뜻밖에도 아프로디테는 대수롭지 않다는 듯 손을 휘휘 저었다. 멍한 얼굴로 프시케가 아프로디테를 올려다보았다.

"내 아들하고 결혼해도 된다고."

"정말요? 아니, 정말 감사합니다."

프시케는 벌떡 일어나 에로스의 옆으로 달려갔다. 에로스 역시 모든 시험을 통과한 프시케를 기쁜 얼굴로 안아 주었다. 헤라는 그런 프시케에게 또 다른 물약 하나를 불쑥 내밀었다.

"마셔."

"이건 또 뭐예요?"

프시케가 겁에 질려 물었다. 헤라는 피식 웃으며 말했다.

"설마 인간의 몸으로 에로스와 결혼하려는 건 아니겠지? 올림포스는 인간의 몸으로 올라갈 수 없어. 이건 암브로시아야. 순수한 사람에게 불사의 몸을 선물해 주는 신들의 음료지. 너희 둘의 결혼을 축복하는 의미로 내가 주는 선물이야."

헤라의 말에 프시케는 기쁜 얼굴로 암브로시아를 마셨다. 순간 따뜻하고 온화한 빛이 그녀의 몸을 감싸 안았다가 이내 사라졌다. 그것은 아주 짧은 순간이었지만 프시케는 자신이 전혀 다른 존재가 되었음을 깨달았다. 허공을 떠도는 먼지 하나하나까지 느껴졌고, 모든 만물의 기운이 손끝으로 전해졌다. 깃털처럼 몸이 가벼웠고, 기분은 날아갈 듯 상쾌했다. 그녀는 여신이 된 것이다. 사라졌던 매력도 어느새 돌아와 있었다. 아프로디테와 헤라는 사신들보다 더 아름다운 프시케를 보며 떨떠름한 표정을 지었다.

그녀의 변화를 가장 기뻐한 것은 당연히 에로스였다. 에로스는 비로소 모든 제한을 떨쳐버리고 자신의 옆으로 다가온 프시케를 가만히 안아 주었다.

"사랑은 위대해. 크아~ 그런데 이제 난 누구랑 놀아야…… 아, 레나가 있었지."

한쪽에서 에로스와 프시케를 보며 빙긋 웃던 제피로스가 레나를 흔들어 깨웠다.

"야, 일어나 봐."

하지만 프시케와 달리 레나는 금방 눈을 뜨지 못했다. 페르세포네가 고개를 갸웃거렸다.

"이상하다. 휘프노스는 내가 다 떼어냈는데 왜 눈을 안 뜨지?"

"얜 좀 이상한 애야. 내 매혹의 샘물을 냉수 마시듯 마시는 애라니까."

페르세포네는 그제야 심각한 얼굴로 레나의 손을 잡았다. 그리고 지그시 눈을 감았다. 잠시 후 눈을 뜬 그녀는 깜짝 놀라 외쳤다.

"얜 대체 누구지? 저승의 명부에 이름이 없잖아?"

여신들의 대화가 길어질수록 레나의 숨소리는 더욱 약해져만 갔다. 에로스와 프시케, 그리고 제피로스는 걱정스러운 얼굴로 레나를 지켜보았다. 불쑥 프시케가 말했다.

"암브로시아를 먹이는 건 어때요? 인간을 신으로 만들 정도의 능력이면 레나를 깨울 수 있을지도 몰라요."

프시케의 말에 제피로스와 에로스는 동의하듯 고개를 끄덕였다. 반면 헤라, 아프로디테, 페르세포네는 떨떠름한 표정을 지었다.

"그게 어떤 건데 고작 잠 깨우는 데 쓰자고?"

"일단 사람부터 살려야죠."

에로스는 헤라의 손에 들려있던 또 다른 암브로시아를 빼앗듯 낚아챘다. 그리고 누워 있는 레나의 입 속에 조금씩 흘려 넣었다.

"하아……."

암브로시아를 마신 레나는 마침내 긴 한숨을 내쉬며 몸을 뒤척였다. 에로스와 프시케, 제피로스는 그제야 안도의 한숨을 내쉬었다. 그리고 그 순간 번개가 내리쳤다.

콰콰쾅-!

번개는 저승 전체를 뒤흔들 정도로 강력했다. 프시케는 비명을 질렀고, 에로스와 제피로스도 눈이 타 들어갈 것 같은 눈부신 백광에 두 눈을 질끈 감았다. 세 여신들조차 놀라 고개를 옆으로 돌렸다.

잠시 후, 다시 눈을 뜬 에로스는 깜짝 놀라고 말았다. 방금 전까지 눈앞에 있었던 레나가 감쪽같이 사라졌기 때문이었다.

"레나가?!"

다른 신들 역시 놀라긴 마찬가지였다. 페르세포네는 인상을 쓰며 하늘 위를 올려다보았다.

"저승에 번개를 치다니. 제우스, 이 작자가 미쳤나?"

"내 남편이지만 진짜 이상하다니까. 안 되겠어. 내가 직접 가서 따져야지. 아으, 피부 상한 것 봐."

"마침내 모든 사건을 벌인 범인이 가 버렸군. 어딘지 모르지만 원래 있던 곳으로 갔겠지."

헤라는 고개를 흔들었고, 아프로디테는 오히려 잘됐다는 듯 시원하게 웃었다. 그 혼란 속에서 에로스는 프시케의 이마에 꽃잎처럼 가볍고 달콤한 키스를 했다. 아프로디테가 그런 아들의 뒤통수를 후려쳤다.

"얌마, 어른들 다 있는 데서 뭐하는 짓이야? 내가 여신 미모 대회에서 일등하기 전까진 결혼식은 없어."

프시케는 다시 집으로 돌아갔다. 그녀의 부모님은 여신이 되어 돌아온 막내딸을 보며 감격의 눈물을 흘렸고 막내를 질투하던 두 언니들은 눈물을 흘리며 용서를 빌었다. 프시케는 두 언니의 모든 과거를 용서한 뒤 가족들에게 마지막 인사를 하고는 하늘로 올라갔다.

에로스는 마침내 사랑의 신이라는 이름답게 가장 아름답고 순수한 사랑으로 자신의 가치를 증명한 프시케와 결혼식을 올렸다. 이번에는 올림포스의 모든 신들이 참석한 아름답고도 웅장한 결혼식이었다. 아프로디테는 프시케와 레나가 모아 온 황금 양털로 짠 드레스를 프시케에게 선물했다. 그리고 제피로스는 여전히 초원의 풀밭 위를 내달렸다. 마침내 올림포스에 평화가 찾아온 것이다.

하지만 몇몇 신들은 이곳과 전혀 어울리지 않는 한 사람의 얼굴을 떠올리고 있었다.

'레나는 대체 어디로 간 거야?'

8장
다시 현실로

"으아악!"

레나는 비명을 지르며 벌떡 일어났다. 그리고 숨을 몰아쉬며 주변을 휘휘 돌아보았다.

"뭐야, 여긴 학교 옥탑방이잖아? 그럼 그 모든 게 꿈?"

허무함과 안도감이 동시에 밀려왔다. 문득 이마를 짚어 본 레나는 고개를 갸웃거렸다.

"온통 젖었잖아? 하긴 꿈속에서 그 고생을 했는데 식은땀이 안 났을 리가 없지."

딸깍-

"어라? 눈 떴네."

그때 문이 열리고 우혁이 들어왔다. 우혁의 손에는 물기가 뚝뚝 떨어지는 젖은 수건이 들려 있었다.

"너?! 네가 왜 내 방에 들어와? 그리고 그 수건은 또 뭐야?"

우혁은 눈을 동그랗게 뜨고 자신의 얼굴과 수건을 번갈아가며 쳐다보는 레나를 찌릿 째려보았다.

"비 오는 날 밖에서 괜한 화풀이하다가 기절한 널 지금껏 간호한 사람한테 너무하네."

"기절? 내가?"

"기억 안 나? 어젯밤에 개구리처럼 뻗었었잖아. 그리고 무슨 여자애가 잠을 그렇게 험하게 자냐? 자면서 비실비실 웃다가 또 펑펑 울고. 암튼 깼으니까 난 간다."

우혁은 젖은 수건을 던져 주고는 휙 몸을 돌려 나갔다. 엉겁결에 수건을 받아든 레나가 피식 웃었다.

"녀석, 보기랑 다르게 좀 다정하네?"

침대에서 내려오려던 레나는 문득 뭔가 이상한 듯 인상을 썼다.

"어라라? 이거 내 잠옷 아닌데? 누가 갈아입힌…… 꺄악!"

헐렁한 티셔츠를 내려다보던 레나는 얼굴을 빨갛게 물들었다. 그리고 옥탑방이 떠나가라 고함을 질렀다.

"선우혁! 이 변태애애애! 걸리면 죽었으!"

"다 씻어요."

월요일 아침이 밝자마자 레나는 재우 선생님에게 주말 내내 쓴 대본을 내밀었다. 재우 선생님은 당연히 반색을 했다.

"정말 대단하구나. 주제가…… 에로스와 프시케?"

레나는 고개를 끄덕였다. 그렇게 생생한 경험을 했는데 다른 내용이 눈에 들어올 리가 없었다. 재우 선생님은 대본을 꼼꼼히 읽어 본 뒤 감탄했다.

"정말 잘 썼구나. 대사도 재밌고 무대도 간단하고. 등장인물도 많지 않아서 우리끼리 충분히 할 수 있겠다."

"감사합니다."

"그래, 주인공은 정했니?"

재우 선생님의 질문에 레나는 씨익 웃었다.

"당연하죠."

"뭘 하라고?"

"연극. 무려 남자 주인공 역이야. 에로스라고 알지? 사랑의 신."

"안 해. 싫어. 대체 왜 나야?"

교무실로 불려 온 우혁은 사악한 음모에 걸린 정의의 사자처럼 몸을 바르르 떨었다. 레나는 그의 얼굴을 손가락으로 가리키며 말했다.

"그 얼굴이 딱이야. 다른 애는 죽어도 안 떠오르는 걸 어쩌겠니?"

우혁은 빙글빙글 웃는 레나를 죽일 듯 노려보다가 이번에는 재우 선생님 쪽으로 돌아섰다.

"싫다고요. 안 해요. 절대 안 해요. 수업 들어오는 것도 귀찮아 죽겠는데 연극이라뇨?"

재우 선생님은 흥분하는 우혁에게 차분한 목소리로 말했다.

"우혁아. 이거 안 하면 너 저번에 고구마 구워 먹다가 뒷산에 산불 낼 뻔한 거 확 소문낸다. 읍내 소방서장님이 아직도 범인 잡으려고 이리저리 뛰어다니시는 거 알지? 또 학교 창고에서 너구리 키우던 것도 너지? 아마 그 너구리가 교장선생님이 뒷마당에 심어 놓은 땅콩을 죄다 뽑아 먹었지? 그리고 또 작년 겨울에 책 몽땅 태운 것도 너였지? 저번 장날에 급식실 쌀 죄다 퍼다 뻥튀기 만든 것도 아마……."

"아, 알았어요. 하면 되잖아요."

끝도 없이 이어지는 재우 선생님의 폭로와 협박에 우혁은 결국 두 손을 들고 말았다. 재우 선생님은 이겼다는 승리의 미소를 지었고, 레나는 한숨을 푹 내쉬었다.

'진짜 저런 구질구질한 협박이 먹히는 거야? 내가 진짜…… 저 얼굴만 아니면 확 다 때려치우는 건데.'

연극제 준비는 착착 진행되었다. 재우 선생님과 학생들은 비어 있는 교실 중 하나를 골라 무대를 만들었다. 손재주 있는 친구들은 뚝딱뚝딱 소품을 만들고 여학생들 중 몇은 빈 교실의 커튼을 뜯어 의상을 만들었다.

"홍레나, 너 진짜 날 쥬이려고 작정했지?"

우혁은 레이스가 너덜너덜 붙은 천으로 만든 옷을 입고 으르렁거렸다. 레나는 큭, 웃음을 터뜨렸다.

"왜? 잘 어울리기만 한데. 여기 어깨를 좀 더 드러내면…… 아얏!"

우혁의 옷을 만지던 레나가 순간 비명을 지르며 뒤로 물러섰다. 옷에 핀이 꽂혀 있었던 것이다. 레나는 따끔한 손가락을 내려다보았다. 손가락 끝에는 작고 붉은 핏방울이 맺혀 있었다.

두근.

순간 레나의 심장이 쿵 내려앉았다. 그리고 등 뒤로 드르륵 문 열리는 소리와 함께 재우 선생님이 들어왔다.

"레나야, 프시케 역을 맡기로 한 순이가 배탈이 났대. 그래서 네가 프시케 역을 좀 해야겠다."

재우 선생님의 말에 레나는 화들짝 놀라 우혁을 돌아보았다. 삐딱하게 서서 머리를 쓸어 올리는 우혁의 모습 위로 에로스의 모습이 겹쳐 보였다.

두근!

다시 한 번 심장이 뛰었다. 동시에 레나의 머릿속에 한 가지 생각이 떠올랐다.

"에로스의 화살……?"

"응? 뭐라고?"

에로스, 아니 우혁이 돌아보며 물었다. 그의 갈색 눈동자는 놀랍도록 에로스와 똑같았다. 그리고 그 눈빛을 마주한 레나의 심장은 미친 듯이 뛰기 시작했다.

레나는 충격으로 비틀거리며 교실 밖으로 달려 나갔다. 그리고 그대로 옥상 자기 방으로 뛰어들었다. 침대 위에는 마치 이런 일이 생길 줄 알았다는 듯 그리스 신화 책이 놓여 있었다. 레나는 풀썩 침대 위에 걸터앉았다. 왼손을 심장 위에 올려보니 여전히 심장은 기차처럼 힘차게 뛰고 있었다. 눈을 감자 우혁의 얄미운 얼굴이 선명하게 그려졌다.

"맙소사. 왜 하필 그 게으름뱅이 선우혁이냐구!"

영원한 사랑의 상징,
에로스Eros와 프시케Psyche

에로스는 사랑의 신입니다. 신화 속 사랑 이야기를 시작하는 데 가장 적합한 주인공이지요. 에로스는 미의 여신 아프로디테의 아들로, 그가 쏘는 화살에 맞으면 그 대상이 누구든지 사랑에 빠지고 맙니다.

그가 사용하는 작은 화살은 다른 신들이 사용하는 번개나 거대한 파도, 심지어 죽음에 비하면 얼핏 장난스럽기도 하지만 사실 그 어떤 것보다 강력한 무기라고 할 수 있습니다. 그 어떤 신도 사랑 앞에서는 자유로울 수 없으니까요.

그의 또 다른 이름은 큐피트Cupid입니다. 붉은 하트를 관통하는 큐피트의 화살이 바로 그의 무기지요.

고대 사회의 예술가들은 그를 날개를 달고 화살을 가지고 다니는 아름다운 청년으로 그렸습니다. 하지만 시간이 갈수록 점점 어려지더니 중세에 이르러서는 어린 아이의 모습으로 변했지요. 다들 화살을 들고 나는 아기 천사의 그림을 본 적이 있으실 겁니다.

이 아름다운 청년 에로스의 짝은 과연 누구일까요?

놀랍게도 그의 운명의 상대는 신이 아닌 평범한 인간 프시케입니다. 그녀의 아름다움은 여신들 중에서도 가장 아름답다는 아프로디테의 질투를 불러일으킬 정도였다는군요. 여신의 질투를 부를 정도라니 어느 정도 예뻤을지 상상이 가지 않네요.

아프로디테는 이 아름다운 소녀를 질투해 아들 에로스에게 그녀의 아름다움을 빼앗고, 그녀가 가장 비열한 사람을 사랑하게 하라고 이릅니다.

에로스는 어머니가 시키는 대로 그녀의 매력을 빼앗습니다. 그리고 신관을 통해 산 위에 사는 무시무시한 괴물과 결혼하라는 신탁을 내립니다.

마을 사람들은 신의 전언대로 프시케를 산꼭대기 괴물의 집으로 보냅니다. 막다른 절벽에 이른 그녀를 서풍은 산꼭대기 저택으로 데려다 줍니다.

그곳에서 마침내 그녀는 괴물과 마주합니다. 괴물은 완전히 해가 진 뒤에야 집으로 돌아와서 해가 뜨기 전에 집을 떠났습니다. 괴물은 프시케에게 단 한가지만 지키면 된다고 합니다. 그것은 바로 어둠 속에서 자신의 얼굴을 보려고 하지 말아야 한다는 것이었습니다. 남편의 얼굴을 보지 못할 뿐, 프시케의 생활은 풍요롭고 여유로웠습니다. 하지만 외로웠지요.

그녀는 어둠 속의 남편에게 가족들을 보고 싶다고 말하지요. 괴물은 그녀의 언니들을 저택으로 데리고 옵니다.

죽은 줄 알았던 프시케가 멀쩡히 살아 있자 언니들은 깜짝 놀랍니다. 그리고 마치 여왕처럼 지내는 프시케를 본 언니들은 불같은 질투심에 사로잡힙니다. 그래서 프시케의 호기심을 부추기지요. 남편의 얼굴이 궁금하지 않느냐면서요.

그날 밤, 프시케는 남편이 잠들자 언니들의 말대로 초에 불을 켭니다. 그리고는 깜짝 놀랍니다. 촛불 아래로 보인 남편은 괴물이 아니라 아름다운 신 에로스였기 때문이지요.

바로 그때 촛농 한 방울이 떨어지고 에로스가 눈을 뜹니다. 에로스는 프시케가 약속을 어긴 사실을 슬퍼하며 떠납니다.

사랑하는 에로스를 잃고 홀로 남은 프시케는 믿음을 깬 자신의 어리석음을 자책하며 슬픔에 빠졌지요. 하지만 프시케는 마냥 울면서 에로스가 다시 돌아오기만을 기다리는 나약한 여인은 아니었습니다. 그녀는 며칠 동안 울다가 에로스를 찾아 나서지요.

에로스를 찾아 온 땅을 헤매던 프시케가 마침내 도착한 곳은 아프로디테의 신전이었습니다. 에로스의 어머니인 아프로디테는 프시케에게 몇 가지 시험을 내주지요. 먼저 엉망으로 섞인 곡식을 나누라 하고, 황금 양털을 구해오라고 합니다. 마지막으로 저승에 보내기까지 하지요. 좋은 시어머니는 아닌 것 같죠?

프시케는 아프로디테의 마지막 심부름을 하는 도중 페르세포네의 상자를 열고 그대로 죽음처럼 깊은 잠에 빠져듭니다. 그제야 프시케의 소식을 들은 에로스는 바람처럼 날아와 그녀를 구하지요. 그리고 프시케를 데리고 제우스에게 날아가 결혼을 허락받습니다. 물론 아프로디테의 축복도 받았겠지요?

에로스와 프시케, 수많은 사랑이야기로 다시 태어나다

이승과 저승을 넘나드는 에로스와 프시케의 신화는 작가들의 상상력을 자극하는 요소가 아주 많습니다. 그래서인지 고대로부터 현대에 이르기까지 그들의 사랑은 수없이 많은 전설과 민담, 동화, 소설 등에 인용되어 왔지요.

그중 가장 유명한 이야기는 단연코 미녀와 야수입니다. 저주를 받아 야수가 된 왕자를 사랑한 미녀의 이야기는 얼핏 보기에도 에로스와 프시케의 이야기를 많이 닮았지요?

또한 죽은 듯 깊은 잠에 빠진 공주를 키스로 깨운다는 잠자는 숲속의 공주 역시 페르세포네의 상자를 연 프시케를 깨우는 에로스의 이야기와 흡사합니다.

영원한 사랑의 상징으로 기억되는 에로스와 프시케처럼 운명적인 사랑은 아니더라도 사람들은 누구나 사랑을 꿈꾸고 기다립니다. 생각만 해도 가슴 떨리는 누군가가 있다고요? 그렇다면 지금이 바로 프시케처럼 사랑을 구하는 용기가 필요한 때인지도 모르겠네요.